AGRADECIMIENTOS

La profesora María E. Petrovitch Marty colaboró en la edición de la sección en español de mi primer poemario "Cien preciosas piedras pulidas". Estuvo ansiosa en poder editar la sección en español de mi segunda obra, "Doscientos tres poemas que amar". Agradezco enormemente su labor y su colaboración. Ella es mi segundo pilar en esta obra. Cabe señalar lo mucho que disfrutó de mis poemas durante el proceso. Estaré siempre en deuda con ella.

Mi hija, Mariam Santiago Torres editó la sección en inglés y tomó la foto que aparece en la contraportada donde aparezco con mi primer bisnieto, Julián A. Padilla Santiago.

El diseño de la portada, contraportada y la división del mismo fueron creados por mi distinguido amigo y diseñador gráfico Chris Martínez Ramos.

Familia, los quiero y estoy agradecido en tenerlos participando en mi segunda joya, más pulida que la primera.

Doscientos Tres Poemas Que Amar
Two Hundred and Three Poems To Beloved
Copyright © 2023 by Luis A. Santiago Matos

Bennett books may be ordered through booksellers or by contacting:

Bennett Media and Marketing
1603 Capitol Ave., Suite 310 A233
Cheyenne, WY 82001
www.thebennettmediaandmarketing.com
Phone: 1-307-202-9292

ISBN
978-1-957114-90-3   (Paperback)
978-1-957114-91-0   (eBook)

DEDICATORIA

Hoy lunes, 6 de agosto de 2018 completé mi segunda obra maestra titulada "Doscientos tres poemas que amar". Dedico nuevamente este excelente trabajo poético a mi hija Mariam Santiago Torres por su entrega y ardua colaboración en hacer posible esta publicación. Su fiel apoyo e interés en alcanzar mi segundo objetivo, la hacen un pilar fuerte y merecedora de todo mi reconocimiento.

Querida hija, el trabajo fue todo un reto, pero con amor lo logramos. Recibe mis bendiciones y el amor de un padre que te adora y está sumamente agradecido.

Biografía de
Luis A. Santiago Matos

Mi padre Luis Ángel Santiago Matos nació en Cabo Rojo, Puerto Rico un 16 de noviembre de 1946. Sus padres fueron Ángel F. Santiago Ramírez y Brunilda del Carmen Matos Montero. Tiene un hermano mayor llamado Ángel F. Santiago Matos.

Estudió sus grados primarios en la Escuela Federico Degetau en Llanos Tuna. Estudió los grados secundarios en la Public School 43 (P.S.43) de Nueva York. Regresó a Puerto Rico y estudió el décimo grado en la Escuela Superior Luis Muñoz Marín de Cabo Rojo. Los últimos dos años de escuela superior los cursó en la Haaren High School de Nueva York.

Contrajo nupcias en Cabo Rojo, con Luzbaldí Torres Rivera el 20 de enero de 1968. La pareja se traslada a vivir a Nueva York. Mi padre fue reclutado por el ejército de los Estados Unidos de América el 19 de abril de 1968. Mi madre, regresó embarazada a Puerto Rico, mientras él fue asignado al Teatro de Guerra del Pacífico, estacionado en Korat, Tailandia. Sirvió catorce meses en ese país y terminó el servicio el 25 de noviembre de 1969, dos días antes de yo cumplir mi primer añito. Ya en Puerto Rico, construye nuestra casita de cemento y madera.

Cursó sus estudios en el Recinto Universitario de Mayagüez y participó en el programa de preparación de maestros bilingües para la enseñanza pública elemental como segundo idioma. Se graduó en el 1977. Enseñó inglés en las escuelas S.U. Sabanetas Maní y la escuela elemental Segundo Ruiz Belvis, ambas en Mayagüez. Luego se trasladó a Cabo Rojo y enseñó en las siguientes escuelas: S.U. Pedro Javier Petrovitch (Puerto Real), Luis Muñiz Souffront (Joyuda), Juan E. Silva Asencio (Sabana Alta), S.U. Federico Degetau (Llanos Tuna), y la S.U. Carmen Vignals Rosario (Boquerón). A la comunidad de Puerto Real le dedicó 21 años de enseñanza en inglés.

Más tarde nacieron mis hermanos Sophy Marie Santiago y Luis Ángel Santiago "Bomby".

Además, es abuelo de cinco hermosas nietas: Desireé Marie, Valerie Nicole, Coral Mairis, Cristal Merlis y Sofía Gabriela. Y hoy cuenta con un hermoso bisnieto, Julián Antonio.

Luego de treinta y dos años en el magisterio se retiró el 24 de julio de 1999, ¡y a buena hora! Desde el 2000 se ha dedicado a escribir poesías y de las que dice son su vida, sus joyas pulidas. Hoy siente gran satisfacción con su segunda obra "Doscientos tres poemas que amar". Entre ellas destaca las poesías "¡La gran fiesta!", "Isla de Mona" y "Amando la naturaleza" que fueron escritas en inglés y español.

Padre querido, estoy muy orgullosa de ti, te amamos. Dios te bendiga siempre.

Tu hija,
Mariam

DOSCIENTOS TRES POEMAS QUE AMAR

LUIS A. SANTIAGO MATOS

CABO ROJO'S BILINGUAL POET

, EASY WRITER, 2017

TABLA DE CONTENIDO

Segunda columna de números versión inglés

INTRODUCCIÓN

Mi segunda obra maestra, el poemario "Doscientos tres poemas que amar" contiene 114 poemas en español y 89 poemas en inglés, de los cuales 79 fueron escritos en ambos lenguajes. Este título denota el amor, excelencia, calidad y esmero en componer cada poema. Todos los temas son de interés general y les brinda una lectura con vocabulario sencillo, a la vez que presenta consejos que le ayudarán a obtener una mejor calidad de vida.

Los temas religiosos y políticos los trato superficialmente. La tolerancia es muy importante cuando se trabaja con estos temas y otros temas que nada tienen que ver con religión o política. Muchos de estos tienden a dividir la sociedad, pero tengo que tratarlos sutilmente y dejar que la nueva tecnología sea la que nos abra la mente y podamos entender que lo que hoy no es aceptable, mañana lo sea.

Vivimos en un mundo misterioso y complejo donde cada individuo es único. Siendo inclusivos, es lo correcto.

Mi profundo cariño para todos mis lectores. Disfruten de mis "Doscientos tres poemas que amar". Estoy seguro que mis poemas los releerán y los aprovecharán al máximo. ¡Todos a gozar con la buena poesía!

Luis A. Santiago Matos

"Easy Writer"

E L O I

E(terna) L(uz) O(mnipotente) I(nfinita)

```
E   L   O   I
t   u   m   n
e   z   n   f
r       i   i
n       p   n
a       o   i
        t   t
        e   a
        n
        t
        e
```

El Todopoderoso

Prólogo

Así como es la vida, misteriosa y compleja, así también es el infinito universo. Cada ser humano es un mundo que piensa y obra diferente. Nos hacemos tantas preguntas acerca de la vida y la respuesta nadie la tiene. Lo que aceptamos hoy mañana puede que tome otra perspectiva y, aquello que no se aceptaba, sea lo que actualmente se viva. La vida está en constante evolución.

Muchos de mis poemas contienen temas que provocarán desacuerdos con la opinión o el sentir de alguna gente. La tolerancia es bien importante para lidiar con estos. Incluso, la tecnología actual va desarrollándose a pasos agigantados y será la que nos traerá cambios fundamentales en nuestras vidas, de manera que muchas barreras se romperán y viviremos siendo inclusivos en toda innovación de índole social.

Escribo para un público diverso y no para satisfacer a individuos o grupos.

Todo el mundo necesita aceptación y tener buena calidad de vida. Los poemas que aquí dedico son disfrutados por el público en general, sin ataduras. Aquellos poemas que contengan algún punto neurálgico o controversial provocarán intercambio de ideas y conversaciones, al igual que los demás poemas que son de su agrado. Puede que algún día ese poema que no fue de su parecer, más tarde lo sea; todo es cuestión de tolerar, respetar y vivir armoniosamente la maravillosa diversidad social.

¿A QUIÉN CULPAR?

"Dale de su propia medicina"
es una expresión conocida mundialmente;
como rodando, aplastando, maltratando y tirando.
Una orden sin piedad, tal vez de muerte.

Dale el infierno, ¿a quién le importa?
Su prescripción me hizo daño.
Mientras yo sufría mi enfermedad,
ellos se encuentran afuera gozando.

Tómalo con calma y descansa,
tal vez necesitas más de un tratamiento.
Tu diagnóstico médico resultó pobre,
necesitas fielmente tu medicamento.

Medicina recetada para unos,
no puede ser propia para todos.
Si no seguiste las instrucciones,
¿Por qué culparlos a ellos o a los otros?

A TIEMPO

1 de mayo de 2018

No sé porque dijiste adiós,
hay un compromiso entre los dos.
Ya te fuiste, no puedo negar
que me haces falta en el hogar.

Día tras día el tiempo pasa.
La puerta abierta siempre estará.
A veces sueño que regresas,
sólo el tiempo me lo dirá.

La espera es larga,
pienso en morir.
La depresión me aflige,
no me deja casi dormir.

Una espinita yo recibí,
cuando pasabas frente a mí.
Una guiñada fue lo que vi,
que volverías lo percibí.

Con tu regreso
estoy muy contento.
Para nuestra boda
estamos a tiempo.

Acoso

1 de abril de 2018

El acoso ha existido siempre
en todos los rincones del mundo.
El mismo ha sido estigmatizado
como el juego del niño inmaduro.

Considero que un poco de acoso
puede ser hasta prudente, un llamado a despertar.
Pero la vida social no es color de rosa,
como víctimas tenemos que darnos a respetar.

Certeras medidas y orientación tenemos
que implantar todos los concernientes,
para poder evitar tormentoso acoso
a las víctimas desvalidas y envejecientes.

No es un escenario fácil de manejar.
La gente vive con miedo, a otros poco le importa.
Los problemas los miran por encima del hombro
asumiendo que la situación se evapora.

Numerosos incidentes han terminado en muertes.
Todo el mundo se consterna y aflige.
Acusar a otros en nada previene.
Sería preferible cada uno educarse y envolverse.

ALMA, VIDA Y CORAZÓN

Cualquiera escribe un poema
y muy bien lo puede hacer.
Se lo puede dedicar a su amante
o a su bendita, abnegada mujer.

En esas frecuentes intimidades
no se puede uno meter,
el que se mete es seguro
la cara le van a romper.

Mejor ser un distante observador
de lo que pueda suceder.
Nada se mantiene siempre en secreto,
llegará el desenlace algún amanecer.

Escribe versos de amor con ternura,
dedícaselos a tu fiel y digna mujer.
Ella es la que verdaderamente te quiere,
cuida, admira y te sabe comprender.

Un poema que se escribe pensado
con el alma, vida y sincero corazón,
mantendrá un matrimonio unido, fortalecido,
navegando el día a día, lleno de ardiente pasión.

Amando la Naturaleza

26 de marzo de 2018
Dedicada a mi hermano Ángel Ferdinand Santiago Matos

Me retiré agraciado y felizmente,
escapé de la ciudad ruidosa.
Vivo muy alegre desde entonces,
haciendo a mi paso cada cosa.

No necesito un teléfono celular,
me molestaría constantemente.
Sólo la naturaleza con su belleza
me inspira, maravilla y entretiene.

Mi tiempo libre frecuentemente lo paso
cerca de una ancha y larga quebrada.
Donde la flora y la fauna son abundantes
hasta donde la vista a uno le alcanza.

Me siento confortablemente en mi hamaca
siendo acariciado por la brisa fresca,
esa que me invita a contar ovejas
y a capturar una que otra zeta.

Si no tomo una merecida siesta,
me paso observando meticulosamente
la fauna en arbustos y árboles,
donde vuelan, cantan y anidan coloridas aves.

El iluso pajarito de una onza, San Pedrito,
con su plumaje blanco, amarillo, rojo y verde,
hará su inusual debut de momento.
Con mucha paciencia disfrutaré verle.

Cuando llueve baja el agua, serpentea.
Pasan varios días, el sedimento se ve asentar.
La quebrada queda clara como cristal.
¡Que bonito ver los animales bañar!

AMISTAD

Hoy somos buenos amigos
y siempre lo vamos a ser.
Tiempos buenos, tiempos malos,
amigos constantes nos van a ver.

Todo el tiempo compartido
nos ha mantenido fuertes.
Tiempo presente o tiempo ausente,
nuestra amistad seguirá vigente.

La realidad es que por años
hemos estado en continuo contacto,
compartiendo opiniones, ideas
y asuntos de gran impacto.

Aun así, hay mucho por
enmendar o unidos hacer.
Nuestra amistad duradera,
ha sido siempre un placer.

AMOR CON COMPROMISO

Tenía solo veintiuno
cuando el 20 de enero de 1968,
Luz y yo atamos el nudo.

Fue una ceremonia simple,
ya que yo no tenía acceso
a la bóveda del Fuerte Knox.

Una reunión familiar se llevó a cabo
con amigos cercanos e invitados.
La recepción fue en casa de la novia.
Todos los asistentes quedaron encantados.

No fue necesario una boda pomposa,
amor de compromiso estuvo presente.
Con la continua bendición del Señor,
esos ingredientes, hoy siguen latentes.

Pronto celebraremos el aniversario
que corresponde al año treinta y siete.
Aún nos mantenemos fuertes
como en enero del 68, día veinte.

AMOR INDIFERENTE

Dices que tú no me quieres,
pero sé que por mí te mueres.
Te la pasas comentando de mí en las redes.
Es señal que no me olvidas, me prefieres.

Quieres saber de mí los miércoles,
los lunes y también, los jueves.
Te escondes y me espías martes y viernes,
sé en los lugares donde te metes.

Te cruzas a diario por mi camino,
las cruzadas son muy frecuentes.
Aun insistes en decir que no me pretendes.
Es difícil creerlo, me das rondas los "wikenes."

Me han llegado de buenas fuentes,
sonámbula has chocado con paredes.
Te pasa por estar de mi pendiente.
Nada bueno obtienes, por estar indiferente.

Es tiempo que pises tierra firme
y te decidas a quererme.
Todo lo que me has demostrado,
no es desprecio, es tenerme.

AMORES QUE MATAN

Dices que tú no me quieres,
dices que tú no me amas,
por eso es que tú,
duermes bajo la cama.

Yo no sé lo que te pasa,
soy hombre de mucha lana,
compro todo lo que quieres,
todo lo que te viene en gana.

No sé cuál es el problema,
no figuro en tu programa.
¿Será que quieres ser libre
o estás buscando la fama?

Busco la comunicación
de día, noche y mañana.
Te dejo mensajes de texto
y aquí no ha pasado nada.

Te visto como una reina,
joyas tu cuerpo engalanan,
no friegas un solo plato,
tus manos lucen lozanas.

Tengo que reconocer,
viejo me casé, tú joven dama.
Disfruté de tu compañía
pero el tiempo me reclama.

Hoy tengo que reflexionar
viejo me casé, tú joven dama.
Han pasado muchos años,
sigues joven, me reclamas.

He tratado de complacerte,
el Cialis no me ha hecho nada.
Al hospital fui a parar
a consecuencia del Viagra.

Esa pastilla azul
a mí por poco me mata,
cuatro horas de presión
y el problema se agravaba.

Me estaba volviendo loco.
Estaba perdiendo la calma.
Yo nada podía hacer,
solo rascarme la calva.

Tengo un seguro de vida,
eres la beneficiaria,
solo piensas en el día
que yo al cielo me vaya.

Esto termina en divorcio,
hay que acabar con la farsa.
Aconsejo viejos buscando pareja,
busquen de su edad y su talla.

ANABEL

15 de octubre de 2017

Yo quiero verte de cerca mujer,
tu nombre quiero saber.
Alguien me dijo llamarte Anabel,
nombre que ilumina todo tu ser.

Siempre te veo pasar, Anabel,
personalmente te quiero conocer.
Tener tu amistad, Anabel,
será de grato placer.

¡Qué bonita es tu sonrisa,
tu voz y forma de ser!
Son cualidades muy dignas
de guapa, hermosa mujer.

Un brillante futuro has de tener,
un amante esposo también.
Por tu belleza debes saber,
bendiciones tendrás a granel.

Mil gracias por tu sincera amistad,
encantadora humildad y sencillez.
¡Quién a ti te conozca, Anabel,
gran amiga ha de tener!

APRENDIENDO A VIVIR

La vida nunca ha sido fácil
cuando en realidad debe ser.
Cada día un constante reto,
como trepar un árbol y no poder.

Al nacer somos vulnerables,
dependiendo del cuido de mamá.
Jovencitos nos ponemos rebeldes
y tenemos la guerra declará.

Logramos al pasar del tiempo
todo el conocimiento y destrezas,
alcanzando metas en el horizonte
ya listos para ejercerlas.

Cada día un constante reto,
trabajamos a paso veloz.
Sin analizar un momento,
la prisa nos hace un daño atroz.

Terminando las frenéticas carreras
y enfermos graves ya estamos,
empezamos a reconocer las obras
incompletas que dejamos.

Ahora empezamos a pensar
en todo lo que no concluimos.
¿Será el tiempo nuestro aliado
o se encargará el Rey Divino?

La moderación en nuestras acciones
nos dará una sublime esperanza.
De no ser así, no será prudente
conseguir una paz duradera en el alma.

BASURA

10 de marzo de 2018

¿Es el hombre sólo el culpable
por la contaminación ambiental
en nuestro frágil planeta Tierra?
¿Por qué se siguen contaminando picos,
montañas, lomas, valles y praderas?

Analizo que no somos totalmente culpables,
contaminar realmente uno no quisiera.
Somos el único animal creado que basura genera.
Irremediablemente el destino es el culpable,
ha causado este descomunal problema.

Se siguen contaminando los ríos, lagos,
riachuelos, mares, océanos, playas,
desiertos y por doquiera el humano contacta.
En el espacio hay un corredor tecnológico
de chatarra que como comparsa orbita la Tierra.

Es urgente resolver con un proyecto de impacto.
¡Hay más basura que gente en la Tierra!
Reciclar y orientar no han sido programas de envergadura.
Estamos metidos de pies a cabeza en la basura.
¿Habrá quien resuelva la crisis actual con premura?

CAMBIOS RADICALES

En este mundo tan complejo,
nadie tiene la verdad.
Necesitamos de cambios radicales
para despertar la humanidad.

Los que dicen tenerla
viven todos engañados,
son unos fanáticos
y se creen señores y amos.

La histórica prostitución,
aún se mantiene en pie.
La pedofilia, la trata humana,
tienen al mundo al revés.

Las drogas ilícitas, el crimen,
es todo lo que se ve.
La corrupción dondequiera
es rampante a todo nivel.

Los partidos políticos, religiones,
han causado muertes y divisiones.
Sus líderes en la opulencia siempre,
con autos, yates, joyas y mansiones.

¡Son tantos los problemas
que vive nuestra sociedad!
Se cometen tantas injusticias
que dan ganas de llorar.

¿Qué podemos hacer Señor,
con tanta inmoralidad?
¡Bríndanos Señor las herramientas
para cambios radicales de gran necesidad!

Soy un hombre de fe, no pesimista,
quiero que cambie toda esta negatividad.
Señor, vivo con la gran esperanza
de cambios radicales para nuestra sociedad.

CERCA DE ÉL

Mi mundo se está poniendo mejor,
cada día que vivo y pasa.
Estoy disfrutando de mi retiro
y lo mejor lo disfruto en casa.

Han sido seis años a esta fecha,
no me arrepiento de mi decisión.
Ingresé al equipo de retirados,
juré ayudar sin sumisión.

Los oficios del hogar los hago,
cuando impera la necesidad.
Nadie me dice lo tengo que hacer,
con respeto, esa es mi realidad.

Se necesitan pensamientos positivos,
para sostener esta calidad de vida.
De otra manera, te verías obligado
a abandonar la paz adquirida.

Esta es la vida que siempre quise,
viviendo mis años dorados.
Doy al Señor gracias por sus bendiciones,
cerca de Él, estoy libre de espantos.

CINCO PASOS
21 de enero de 2018

Siempre te he amado,
no importan las circunstancias.
Tan pronto me des luz verde,
construiré a pasos nuestros sueños de infancia.

Primer paso, solicitaré un digno empleo
que nos provea de todo en abundancia.
Segundo paso, fabricaré nuestro hogar anhelado
con mucho amor y elegancia.

Tercer paso, te propondré compromiso formal,
sabré si sigue encendida esa flama.
De seguir ardiente, fijaremos la fecha
y nuestra unión de amor se declara.

Cuarto paso, una vez pasada la luna de miel,
hablaremos seriamente de paternidad.
Nuestra familia será bien planificada,
hijos e hijas nos traerán felicidad.

Quinto paso, estaremos listos para el futuro,
planificaremos para las metas de ellos.
Como dimos nuestros cinco pasos,
así ellos también lograrán hacerlo.

CINCUENTA ANIVERSARIO

Chiten y Luz

20 de enero de 2018

Celebramos nuestros cincuenta años de casados.
Llegamos hasta puerto seguro navegando,
a través de un inmenso mar de pasiones,
capitaneando contra viento y marea.
¡Celebremos con gestos y acciones!

Esta hermosa mañana nuestros hijos y familiares
son testigos de la renovación de nuestros votos.
Recordé aquel día de bodas, glorioso,
soleado, con un cielo azul esplendoroso.
Lo disfrutamos sin ser costoso o pomposo.

Todo en la vida es el buen compartir,
saber maniobrar, soportar y tolerar.
Cada cual es un ser social individual,
distinción que hay que respetar,
para a los cincuenta años poder llegar.

La actividad en sí es especial.
¡Sí, hay mucho para celebrar y entretener!
Un buen desayuno con un rico café,
el delicioso tradicional pastel
y divertido karaoke al atardecer.

CINCUENTA PERLAS BLANCAS

20 de enero de 2018

Querida, dame un tierno beso,
nuestro compromiso ha continuado.
Después de cincuenta años largos,
los votos hemos renovado.

Hijos y familiares fueron testigos
de este amor que proclamamos.
Lágrimas de mucho júbilo
por nuestras mejillas rodaron.

Lágrimas que se solidificaron
y en perlas blancas se transformaron,
cada una simboliza un año
de los cincuenta que conformamos.

Fueron esas cincuenta perlas blancas
las que con orgullo cultivamos,
nos sirven de profunda satisfacción
por el renovado amor que profesamos.

Optar por cincuenta perlas más
muy difícil para ambos lograrlo.
Pero cada perla que se cultive,
bienvenida a nuestro amoroso calendario.

COLLAR DE PERLAS BLANCAS

8 de abril de 2018

Cuando escribo un poema
le saco el brillo que pueda.
Lo convierto en una gema,
la que nombro Blanca Perla.

Blanca Perla, junto a otra
y unas cuantas perlas más,
han formado un reluciente collar
que te quiero obsequiar.

Vestirás un traje negro,
el cabello corto llevarás
y el collar de perlas blancas,
en tu cuello, elegante lucirás.

El collar de perlas blancas
es de orgullo para mí,
simboliza el compromiso
jurado por ti y por mí.

CORAZÓN LATENTE

Hoy día sigues prendada
a mi corazón.
Estás muy latente,
no sé la razón.

Recordar trae vida
y mucha ilusión,
nos alegra el alma,
sentimos inmensa pasión.

Pienso cada día
en mi viejo amor.
¿Cuál sería el motivo
no se consumó?

Cuando estás presente,
siento que mi corazón
se acelera
y me sube la presión.

Hoy no somos libres,
es por tal razón,
que vivimos llenos
de eterna ilusión.

Tal vez en el cielo
nos encontremos los dos,
nos fleche Cupido
y bendiga el Señor.

Cuatro perritas

20 de mayo de 2018

Tengo y no tengo cuatro perritas,
Penny, Chuchi, Marly y Ozzita.
Están entrenadas en hacer sus cositas
para ir al patio rápido avisan.

Penny es una Chihuahua marroncita
con un rabo largo, parece zorrita.
La dueña es Sophy Marie, mi hija.
Como ella trabaja la trae de visita.

Marly es Boston Terrier negra y blanquita,
persiguiendo iguanas se vuelve loquita.
La dueña es Cristal, mi nieta querida.
Si Cristal va de viaje, la trae enseguida.

Chuchi es marrón ladrillo, medio satita.
Se pasa el día de iguanas en vela.
Para proteger mi huerto casero,
por un corredor va de izquierda a derecha.

Osita Polaris, mi otra perrita,
es color crema, Chihuahua bonita.
Parecía una osita polar chiquitita,
por eso se llama Ozzi, mi bebita.

Ya ven que todas no son mis perritas,
pero por mi casa se pasean toditas.
Son muy juguetonas y educaditas.
¡Cómo entretienen estas muchachitas!

¿Culpable?

No te culpes, vida mía,
mi culpa parece ser.
No luché lo suficiente
para nuestro amor mantener.

Me ausenté por mucho tiempo,
la distancia al abismo nos llevó.
Llegó a tu vida un nuevo amor
y el nuestro fracasó.

El destino fue implacable,
por nosotros decidió.
Te casaste tu primero
y al poco tiempo, lo hice yo.

Aun así, fuimos bendecidos,
cada uno con su amor.
Han sido excelentes amantes
y firmes de convicción.

Hoy vivimos no distantes
recordando aquel amor,
un amor no consumado,
que en ilusión solo quedó.

Cupido caliente

14 de febrero de 2018

De lejos nos conocimos
al cruzar nuestras miradas.
Sin decir palabra alguna
Cupido nos lanzó unas flechadas.

Él sabe que no soy libre.
Ahora tiene un grave dilema
por herir mi fiel corazón
y crear para los dos este problema.

Que él resuelva como pueda,
no le pedí que nos flechara.
Con mis sentimientos yo no juego
y el permitió que esto pasara.

Lo observo muy tranquilo y feliz.
"Regresa", me susurra al oído.
"Tu presente amor te engaña
y esta dama para ti he escogido."

Analizando bien el panorama,
Cupido tiene perfecta razón.
Hace ya bastante tiempo
siento frío su corazón.

A Cupido doy mil gracias,
resolví mi situación.
Ahora juntas nuestras almas
disfrutarán en bendición.

¿Cuán importante es ...?

13 de mayo de 2018

Un granito de arena en el árido desierto,
una gotita de agua en el inmenso océano,
una aguja perdida en una paca de heno,
un zombi su tiempo perdiendo.

El granito de arena, la gotita de agua
conforman las partes de todo universo.
Ambos son importantes componentes,
juntas unifican todo lo que está hecho.

El zombi y la aguja perdida
no son unidades de importancia.
El todo es lo absoluto
para proyectos de relevancia.

Siempre hay propósitos en la vida,
lo que se necesitan son resoluciones.
Las maneras simples como contribuimos,
traerán grandes soluciones.

Considérate siempre ser parte importante,
como gotita de océano o granito de arena del desierto.
No importa lo pequeño que seas o hagas,
no te detengas, síguelo haciendo.

CÁRCEL SIN REJAS

10 de enero de 2018

Soy prisionero en cárcel sin rejas,
cautivo eterno con graves dilemas.
Ayer fui libre con libertad plena,
compartí con todos, triunfos y faenas.

Hoy estoy atrapado en mi cuerpo,
tengo perturbados mis cinco sentidos.
Hace mucho tiempo no los contemplo.
No sé quién soy, como veleta giro y giro.

Mi cuerpo aún respira, no he muerto,
vivo suspendido en este infierno.
El tiempo pasa y no comprendo,
sólo del pasado algo recuerdo.

Este suplicio vino a través del tiempo,
mi cuidadora conoce mi tormento.
Está pendiente al cien por ciento
de este torbellino que llevo dentro.

CÓMODO

5 de abril de 2018

Pensarás en mí cuánto falte.
Sabes bien porqué siempre protesto.
Resolverás entonces como puedas,
si he dejado dinero al respecto.

No planeo dejar riquezas,
todo lo que gano lo disfrutaré.
No quedarás en bancarrota,
gastaré y muy cómodo estaré.

Con poco dinero se puede vivir,
calidad de vida se puede obtener.
No malgastar lo que se ha ahorrado
brindará seguridad y grato placer.

Tan pronto yo falte, mi vida,
busca el monto que te reservé.
Recuerda que la vida es de mortales,
disfrútala pues puedes sufrir un revés.

Mis protestas son todas legítimas,
al final las lograrás entender.
No las des a la luz pública,
secretas las debes mantener.

Nada hay que divulgar.
Para qué hablar del ayer.
El que quede vivo, cómodo quede,
pues el muerto nada puede ofrecer.

DE POR VIDA

20 de noviembre de 2017

Toda mi vida te quise,
siempre yo te querré,
las consecuencias no importan,
nunca te olvidaré.

Muy jóvenes nos conocimos,
nuestra atracción mutua fue.
La distancia trajo condena,
nuestro amor sufrió revés.

Un nuevo amor a ti vino,
te lo trajo el destino.
Lo puso en tu camino
y en nuestra ilusión intervino.

Luego contrajiste nupcias,
de ti nunca me olvidé.
De encontrarte en mi camino,
saludo cordial te daré.

Ambos fuimos favorecidos
con lo que el destino deparó.
Gracias al Gran Rey Divino
porque bendiciones nos dio.

¡DE RECTIFICAR ES EL MOMENTO!

Has caído en un bache seco,
del mismo no quieres salir.
Dices sentirte ofendida,
no hay razón para tu sufrir.

¡Qué difícil se te hace aceptar
que has errado esta vez!
Sigues buscando la inútil excusa
para justificar lo que no es.

Inmisericorde me sigues hostigando,
sin darte cuenta lo confundida que estás.
¡Sigues viviendo imaginaria obsesión!
Tranquila, razona, busca la luz y la verdad.

No somos niños de veinte,
mira hoy como te sientes.
Más que antes necesitas de gente.
La soledad es muy triste, llega de repente.

No te lances al abismo
por algo sin fundamento.
Nunca te he sido infiel.
¡De rectificar es el momento!

DECISIÓN

Tú sabes que yo te quiero.
No sé por qué te me escondes,
¿será que estás muy pendiente
del amor de otro hombre?

¡Merezco una explicación
porque no me correspondes!
No quiero perder mi tiempo
sufriendo humillaciones.

Siguen pasando los días,
no me brindas soluciones.
Debes sentir afinidad
por ese ser que te propone.

Si tienes la decisión,
dímela, no te demores.
Sea para bien o para mal,
terminarán los rumores.

Con dicha y felicidad,
no sufriré decepciones,
pues de un mal surge un bien
y tendré nuevos amores.

DECÍDETE PUERTO RICO

Sea Puerto Rico un país libre
o un estado federado soberano,
puertorriqueños de aquí y de allá,
a este archipiélago seguiremos amando.

Cualquiera que sea la decisión
del estatus final que escojamos,
seguiremos siendo puertorriqueños,
con la mancha de la hoja del plátano.

Seguiremos con nuestra mono estrellada
y el lindo himno borincano.
Seamos como país libre o estado federado,
inglés y español siempre aquí hemos hablado.

Separar nuestro Puerto Rico no es cónsono
con la globalización que ostentamos.
Se requiere de sólida unificación
para la fortaleza mundial que deseamos.

Todos los países de nuestro hermoso planeta,
deben tener prioridad, como meta,
eliminar barreras y abrir sus fronteras,
así declarar a todos hijos de esta Tierra.

Nadie se sentirá extranjero
en el lugar donde se encuentra,
se mitigará el discrimen,
evitándose las guerras.

Este mundo no es fácil de entender,
por eso los conflictos, las guerras.
Un mundo unido evitaría el terrorismo,
lograríamos la hermandad y la paz verdadera.

DESAFIANDO EL DESTINO

Llegaste a mí corazón.
Corazón yo te recibo.
El Rey de los Corazones
nuestras vidas ha unido.

Hoy tenemos corazón,
amoroso compromiso.
Todo el mundo reconoce
nuestro romántico idilio.

El que nos trajo este amor
fue el arquero Cupido.
Se pasó lanzando flechas
y una de ellas me ha herido.

Tú también fuiste tarjeta
y tu amor ha enloquecido.
Me encontraste vulnerable,
pues por ti es mi delirio.

Viviremos la ilusión
con detalles imprevistos,
de esos que trae el amor,
de repente, no antes vistos.

Así crece nuestra unión,
hacia el altar casi listos,
tendremos la bendición
de nuestro Gran Rey Divino.

Qué bonito es el amor
y uno ser correspondido.
Nada importa en este mundo
cuando uno está contigo.

Dicen nada es para siempre,
eso no va conmigo.
Este amor que profesamos,
desafiará el destino.

DOMINGO

Es sábado tarde en la noche en Puerto Rico,
ya unos duermen y otros sólo descansan.
Se escucha por intérvalos la orquesta
de unos búhos celebrando la madrugada.

Continúan su melodía hasta los claros del alba.
Se escuchan en la distancia el canto de los gallos
anunciando el lindo amanecer

en nuestra Isla del Encanto.

El primer rayo solar le quita el negro manto
a las colinas, picos y montañas.
Asoma despacito el disco solar por el horizonte,
se va haciendo señor de la oscura sabana.

Desaparece la neblina como por arte de magia.
Se observa el rocío en la fresca flora,
donde el coquí disfruta la hermosa mañana.
La humedad es bienvenida por el lagarto y la rana.

Mi perrita Chihuahua, Ozzi, se estira,
al salir de su cómoda cama.
Sacude fuerte sus orejas, menea el rabo,
encima me pone sus patas.

Arranca hacia la puerta, ladra, salta,
en espera que le abra
para irse de paseo por la grama.
Ya conoce la rutina de cada mañana.

Es un nuevo amanecer, un nuevo día
con el que el Señor nos ha premiado,
de unión familiar, domingo de alabanza
que nos llena de mucho amor y esperanza.

EASY WRITER

Siempre escribiré a mi manera.
Que me critiquen los que quieran.
Con muchas palabras me place jugar
para escribir poemas que deleitan.

Licencia poética privilegiada poseo,
lo que escribo corre por esa vena.
Mi consejo vano, no lo es,
libera el espíritu y el dolor consuela.

Esta vida nos trae miles de sorpresas.
Lo que está bien ahora, luego puede ser torpeza.
Se hace difícil complacer las masas,
sólo escribo y veré qué pasa.

Este mundo es un gran rompecabezas.
Somos piezas sueltas en su entorno.
"Easy Writer" es mi poético seudónimo,
consejo, humor y alegría compongo.

El bien común

Trabajo siempre para el bien común
para así disfrutar calidad de vida.
El respeto y el diálogo son esenciales
para mantener esta tendencia viva.

Del mundo, la flora y la fauna
han exaltado toda mi rutina.
Me place ver áreas aun prístinas,
disfruto del planeta sus maravillas.

Si vives el bien común,
estarás inmerso en lo correcto,
a todo el mundo ayudarás,
siendo un mentor de consenso.

Cuando llegue mi turno al bate,
llevaré una gran sonrisa,
satisfacción en mi corazón
por una misión bien cumplida.

EL GRAN DAVID

Hoy es el día de tu santo, mayo 23.
Es por eso que estoy aquí.
Querido amigo, por Elba te conocí.
Quiero saludarte en este breve compartir.

Hombre de baja estatura,
con espíritu de un gran David.
Navegante y pescador de oficio,
con pesca abundante para vivir.

¡Cómo surcabas los cerros de olas
del canal bravío de La Mona!
Ante ti había que quitarse el sombrero,
mirando el horizonte y ver la Isla que asoma.

Fueron muchos los viajes
que contigo compartí.
El primero fue una invitación
que de ti yo recibí.

Siempre estoy agradecido,
por eso me encuentro aquí.
Buenos amigos no se olvidan,
feliz cumpleaños 88, mi deseo para ti.

Estos versos de poeta
los compuse para ti.
Tú no sabías que la musa
vivía dentro de mí.

Hoy conoces a Luis el poeta,
pasa el tiempo en escribir.
Vuelvo y te deseo un feliz día
con muchos años por venir.

EL HOMBRE AQUEL

No sé porque el hombre aquel lo preferiste.
Tú sabes bien he sido fiel, hoy estoy triste.
Pues la razón, no puede ser la que me diste.
Pues no hay razón, válida aún, que justifique.
Esa elección errada fue cuando la hiciste.

Pues pudo ser algo que tú le permitiste.
Aprovechó la situación para romper
lazos de amor, que han sido firmes.
Pues pudo ser que te engañó,
te prometió, vivir mejor y ser felices.

Aun así, debes saber que el hombre aquél es puro chiste.
Lo veo pasar con otro amor que hoy existe.
No habrá perdón por el error que cometiste.
Carga esa cruz, tú la escogiste, lo preferiste.

EL QUEBRADO CRISTAL

El día que te conocí
lo primero que observé,
el "pony tail" de tu hermosa cabellera,
impresionaba a cualquiera.

Giraste, poco a poco, tu cuerpo
y quedó al descubierto
tu impactante belleza.
Fue el inicio de una ilusión verdadera.

Yo llegaba al sexto grado,
salón de la Sra. Elí Camacho.
Desde entonces procuré tu atención
con chistes, pasando el macho.

Aún recuerdo aquel día
que quebraste el cristal.
Me corrías con un puntero,
al escritorio el golpe fue a dar.

El lunes por la mañana
te vi a la escuela llegar.
Venías junto a tu mamá
para la situación confrontar.

Yo también estaba asustado,
no sabía ni qué pensar.
Al final no pasó nada,
nada se volvió a comentar.

Ese año de adolescente ilusión
quedó rezagado al tenerme que marchar.
Aun así, la ilusión permaneció vigente,
lo comprobé al décimo grado regresar.

Considero que aquel cristal quebrado,
un mal augurio fue en realidad.
Nuevamente me ausenté
y todo quedó en ilusión nada más.

EL SENDERO

Gente que llega, otra que se va,
ese conocimiento tenemos.
Solo seguimos el acostumbrado sendero,
hacia dónde vamos, no lo sabemos.

Nacimos y al final morimos,
realidad que negar no podemos.
La vida es un soplo, la muerte un cerrar de ojos.
Nos preguntamos, ¿volveremos?

¿EL TURNO ES DE QUIÉN?

Le pedimos al Señor
que le tenga piedad
cuando alguien se muera,
y su alma la proteja.

Para brindarle respetos
se hace el velatorio,
para que así los familiares
y vecinos hagan lo propio.

Fotos familiares se exhiben
para que cada uno recuerde
las vivencias con el difunto,
detalle que crea buen ambiente.

El dolor toma mucho tiempo sanar.
Herida abierta, sutura la cierra,
pero el dolor profundo, oculto se queda.
El que lo sufre, solo lo supera.

Llega el momento para el adiós.
¿Será el cuerpo cremado
o será enterrado?
El familiar lo tendrá programado.

La vida es corta, todos de acuerdo.
Al soplo del viento, sentimos la brisa.
Cuando amaina el mismo, sentimos calor
y el turno le toca al que vaya de prisa.

EL VETUSTO RELOJ

13 de abril de 2018

Tic tac, tic tac,
suena el vetusto reloj.
Sesenta segundos es un minuto,
sesenta minutos es una hora.
Tic tac, tic tac,
el segundo, el minuto, la hora.

Veinticuatro horas es un día,
siete días es una semana,
cuatro semanas es un mes.
Tic tac, tic tac,
el día, la semana, el mes.
El vetusto reloj no ha tenido revés.

Tic tac, tic tac,
doce meses es un año.
Diez años es una década,
cien años es un siglo,
el año, la década, el siglo.
El tic tac el vetusto reloj ha perdido.

ELOÍ

21 de mayo de 2018

Eterna Luz, Omnipotente e Infinita,
Todopoderoso Arquitecto de la Creación,
no hay principio, ni fin,
el universo está en constante formación.

El Todopoderoso es el Espíritu Supremo,
Sus hijos todos espíritus somos.
Su única Ley es El Amor,
con ella reina y gobierna todo.

A Su Semejanza Él nos creó,
somos eternos, seguiremos viviendo.
A través del proceso de la reencarnación,
infinidad de vidas seguiremos teniendo.

Del infinito universo,
sepan que no estamos solos.
Igual que nuestro mundo,
hay vida eterna en otros.

En lo correcto

A través de mis vivencias,
muchos asuntos traté.
Le hice la vida fácil a otros,
no sé a quién perjudiqué.

No hay porqué detallar
todo lo que hice.
Todo lo llevo en el alma,
lo hice porque quise.

Hice todo el trabajo sucio
mientras algunos criticaban.
Todo fue una pesadilla,
esto a pocos le importaba.

Viví momentos de tensión
que se tornaron severos.
Busqué tiempo para resolver
y otro tiempo de sosiego.

No mencionaré a nadie en particular,
pero sí quiero que se sepan,
que el trabajo hice de corazón
terminando así esta secuela.

Al final, el fruto pudo revelar
que siempre estuve en lo correcto.
Con la bendición del Señor,
hoy vivo agradecido y contento.

Siento mucho por aquel
que se afectó en el proceso,
permanecer inmóvil y pasivo,
jamás consideré hacerlo.

ENTRE BUENOS

Puede ser que sí,
puede ser que no,
pero esta contienda
me la gano yo.

Entre contendientes,
yo soy el mejor.
Tengo mucha cría
y mucho valor.

Llevo mucho tiempo
en preparación
y tengo atributos
de superación.

Yo no dejo nada
a especulación,
yo soy muy certero
en la ejecución.

Cojan este ritmo,
canten mi canción.
Deléitense todos
con mi inspiración.

Llegan resultados,
tengo que inferir,
todo lo que veo,
un buen porvenir.

Terminó el conteo,
me traen el trofeo.
Se hizo realidad
lo que yo deseo.

Pudo ser que sí,
no pudo ser no.
Contienda entre buenos,
me la gané yo.

ESPERANZADORA AVENIDA

Los ideales evolucionan
igual que todo en la vida.
Son etapas duraderas
que disfruta quien las viva.

Son sentimientos profundos
de nuestra cotidiana rutina,
forman nuestra personalidad
y nos llevan a seguir una doctrina.

Existen los que se llaman
radicales, fanáticos suicidas.
Tienen sus cerebros lavados,
por nada pierden la vida.

El fanatismo es muy peligroso,
no importa en qué disciplina.
Se cometen muchas injusticias,
que están fuera de liga.

La clave es vivir con moderación
para disfrutar nuestra vida.
Buscar lo simple entre nosotros
para obtener esperanzadora avenida.

¡Esto es amor!

Esto es amor, cuando uno da cariño.
Esto es amor, cuando vives la pasión.
Esto es amor, cuando sabes que te quiero.
Esto es amor, cuando tuyo es mi corazón.

Esto es amor, cuando uno da cariño.
Ven búscame, que siento por ti pasión.
Te veo venir, en busca de mi amorcito.
Ya estás aquí, aquí está tu corazón.

Bésame, así sientes mi cariño.
Bésame, así sientes mi pasión.
Bésame, así sabes no te olvido.
Bésame, tuyo es mi corazón.

EXISTENCIA

20 de abril de 2018

Una vez existes, vivirás siempre,
es vida eterna, no mueres.
Tu espíritu, alma y cuerpo
conforman el trío que eres.

Un espíritu inteligente eres,
luz individual que posees,
eres único en el universo,
con amor todo lo tienes.

Tu alma es tu custodia,
todas tus vivencias archiva.
El Padre Creador las evalúa
y conoce cómo vives tu vida.

El cuerpo físico te distingue,
vehículo que el espíritu conduce.
Lo guía por el buen camino,
siguiendo los reglamentos sin que abuses.

Tiene uno que conocerse a sí mismo
y con buenos valores poder progresar.
Muchas veces lo material se impone,
opaca la luz, la cual hay que lustrar.

FAVORES

30 de abril de 2018

Cuando hago un favor,
me aseguro en hacerlo bien.
Tengo que sacar el tiempo,
hacerlo no importa a quien.

No cobro remuneración por él,
de hacerlo pierde valor, lucidez.
Si te pagan con otro favor,
acéptalo con amor, sensatez.

La reciprocidad en favores
gran amistad ha de traer,
una ayuda mutua sincera
y nos volveremos a ver.

No luce como buena conducta,
después de hacer mil favores,
que venga gente atrevida y procure
el que no fue de tus labores.

¡Qué gente tan desconsiderada!
Hay que ponerla en cintura
por si te solicitan de nuevo,
que se marchen con premura!

FLORES MARCHITAS

Los años van pasando y voy envejeciendo,
agotamiento, cansancio, siento en todo mi cuerpo.
Mi piel, que ayer fue lozana, hoy no luce como quiero.
Solo el rejuvenecer daría reversa al proceso.

Correr, saltar, caminar, doblar y arrodillarme,
todo lo hacía sin pensar ni pretextos.
Hoy tengo que cuidarme y pensar al efecto,
lo difícil que se me hace todo esto.

Camino con un paso lento,
voy sin prisa, sé que llego.
El que quiera verme antes,
que me busque, que lo espero.

Los problemas de salud
me mantienen siempre en vela.
Las caídas son frecuentes,
comentarlas no quisiera.

Para cada cosa hay un doctor,
me receta el medicamento.
Si me acuerdo me lo tomo,
así sigo el tratamiento.

¡Qué triste es envejecer!
Somos como flores marchitas,
había fragancia en cada flor,
hoy en nada glorifican.

GRADO COLEGIADO

3 de junio de 2018

¿Es verdaderamente necesario obtener
un grado colegial de cuatro años para vivir?
o ¿Dos años de programación tecnológica
serían suficientes para uno subsistir?

Si consideras estudiar más allá,
antes de irte a matricular,
piensa en tu edad al terminar.
¿Será apropiada para lo que quieres lograr?

Hay muchos programas de corta duración.
Se firma un contrato al inicio,
para tener un empleo seguro al final,
una vez estés certificado en tu oficio.

Considera si trabajarás por tu cuenta
o te emplearás en una firma privada.
Si la remuneración salarial compensa
la larga, extenuante, educación licenciada.

Los avances de programación tecnológica
crean empleos y beneficios sin igual.
Conforman proyectos de vanguardia,
abriendo muchas puertas en la fuerza laboral.

Considera todas tus opciones,
enfócate en cual está a tu favor,
si un largo plazo, de tiempo y gastos
o uno más corto, te resultaría mejor.

ILIA

El miércoles, 14 de agosto de 2013 te fuiste
a morar a la casa del Señor.
Desde entonces te he extrañado
así me lo dicta el corazón.

Tu partida me parece un sueño,
pero es una lamentable realidad.
Cuando paso frente a tu casa, imagino
verte sentada y nuestros saludos cruzar.

Me adoptaste como tu hermano querido
y hoy tu vida productiva quiero celebrar,
recordando tu sincera sonrisa
y esos grandes lazos de amistad.

En este poema quiero tus virtudes resaltar,
fuiste fiel esposa, compañera maestra, amiga,
ama de casa y abuelita excepcional.
Sé que tu misión continua desde el plano espiritual.

Hoy día no son muchos los hombres y las mujeres
que fomentan los valores de la familia ideal.
Para ti la familia fue primero, lo demás podía esperar.
Ese fue tu compromiso, legado que hoy tenemos que emular.

Ilia, sonríe, mi hermana querida.
Algún día nos volveremos a encontrar,
celebraremos ese amoroso, glorioso encuentro
caminando por senderos de amor y paz.

ILUSTRE CABORROJEÑO

Conoce a nuestro distinguido poeta Luis Lorenzo Matías Meléndez,
compositor caborrojeño de profunda e intensa pasión.
En su primer poemario, "Poemas para mi pueblo y mi gente",
destaca su amor por Cabo Rojo y toda su generación.

Con sus versos sobre vivencias, a Cabo Rojo engalana.
Él vive muy agradecido de este suelo que tanto ama
por vivir aquí y su familia ahí criarla.
Disfruta en el paraíso, Joyuda, allí tiene su morada.

Su humildad se refleja en sus versos,
los que le compone a su familia y a su gente.
Ese trato es con respeto y amor, ¡Qué alegría siento al leerte!
Sus dedicaciones vienen del alma y de su estilo elocuente.

Estos versos te los dedico, mi amigo, Matías
por ser un excelente poeta de afable gallardía.
"Poeta de los flamboyanes" hoy disfruto tus poesías,
Parece uno cantarlas como dulces melodías.

INSPIRADORES VERSOS

Cuando te llegue la inesperada musa,
escríbela en el preciso momento.
Versos inspiradores, son como gotas,
se evaporan al soplar el viento.

Luego se nos haría difícil recordar
la inspiración de esos versos,
permanecerán en el olvido,
como estrellas fugaces sin destellos.

Los versos fluyen, se desvanecen
con la rapidez de un rayo violento.
Al instante nos quedamos perplejos,
tan pronto termina ese evento.

Con el rayo nada se puede hacer,
sí con unos versos diversos.
Dando paso a rítmicas estrofas,
cifrando el amor del infinito universo.

Sería muy de sabios el saber,
el momento en que llega la musa.
Tan impredecible como el tiro repentino
que se juega, jugando a la ruleta rusa.

INVITACIÓN ESPECIAL

Un día nublado y macabro, a un velatorio me invitaron cortésmente.
Sin mediar palabra alguna asentí respetuosamente.
Me vestí apropiadamente como usual lo hace la gente.

Una vez la tarde cae, ahí me hice presente.
Noté un silencio sepulcral, dominando aquel ambiente.
Frente a la funeraria se aglutinaba la gente.
Unas lloviznas ligeras, hacen correr los presentes.
Todos corren en estampida, casi me llevan de frente.

Una vez estoy adentro, observo una fila de sillas
donde sentados se encuentran los cabizbajos dolientes.
Noto que, en el local, nadie me mira de frente,
no me hablan, ni saludan, todos son indiferentes.
Tuve que preguntarme, "¿Qué le ocurre a esta gente?"

Prosigo hasta el fondo, llego a la cafetería.
Todos los presentes comiendo, bebiendo y con algarabía.
A mí no me apetece nada, la gente sigue en porfía.
"¿Será cremado o enterrado?" Era la pregunta del día.

Salgo de ese servicio, entro a la capilla lúgubre y fría.
Observo los arreglos florales, parecen artesanías.
A mi derecha e izquierda, no había una silla vacía.
Me detengo ante el féretro cerrado… "¡Ayyyy!"
Mis ojos se desorbitan al ver mi fotografía.

¡Qué horrible fue ese sueño, una horrible pesadilla!
Desperté sobresaltado, pues creí que me moría.
Al salir de la cama, sentí era la tumba fría.
Me sequé todo el sudor que mi cuerpo despedía.
Me duché con ligereza para disfrutar del nuevo día.

ISLA DE MONA

23 de mayo de 2018

Amoná te llamó el indio taíno,
unas cuantas veces te visité.
Navegué con el Capitán David Rodríguez,
hasta tu entorno feliz llegué.

Mi primer viaje me fascinaba,
muchas preguntas hice acerca de ti.
David experto en viajes, me informaba,
con mucho entusiasmo le agradecí.

Aún recuerdo ese primer viaje,
fue una invitación de David.
Compré de todo para subsistir,
hasta una caseta prestada conseguí.

La proa de la Janice Daluel se empinaba,
sobre los cerros de las altas olas,
ola tras ola caía en picada.
Con elegancia las atravesaba todas.

En el horizonte una meseta aflora,
se puede apreciar entre ola y ola.
¡Es Isla de Mona! Su fachada asoma,
con el sube y baja de ola tras ola.

Al acercarnos vi volando las tijeretas,
variedad de pájaros en el acantilado,
otros planeando majestuosamente como cometas.
¡Con el despliegue aéreo quedé encantado!

La flora y la fauna son como de ensueño,
la iguana autóctona rápidamente conocí.
Armaba solo mi caseta en Playa de Pájaros,
¡Tremendo susto me dio el reptil!

Abunda mucho el cobo ermitaño,
se ven sus huellas sobre la arena.
Un caracol duro lo protege, lo lleva a cuestas.
¿Llevarlo a espaldas, será condena?

Durante el día visitamos cuevas, cavernas,
con un descanso en el Sector Uveros.
Continuamos luego hasta el vetusto faro,
la antigua cisterna facilitó bañarnos.

No vi ni un cabro, ni un jabalí,
en tiempo de caza se ven venir.
La carne es sabrosa, escuché decir,
si me la ofrecen, la voy a consumir.

Al llegar la noche, a platicar, cantar,
muchos cuentos escuchar, narrar.
Han pasado varios años, quiero regresar
a Isla de Mona, viajar, soñar.

JULIÁN

Nació nuestro primer bisnieto
el 18 de octubre del 2016,
Julián Antonio Padilla Santiago,
en la ciudad de Mayagüez.

Pesó cinco libras con quince onzas.
Hoy día es un hermoso bebé.
Con todo el mundo se ríe,
mueve mucho las manos y pies.

Coral, su mamá, lo mima,
su pecho le dio al nacer.
Julián como un cachorrito,
lactó con grato placer.

Hoy tiene siete meses, tres días,
todo el mundo lo quiere coger.
Él brinda su barriguita y los brazos,
pues sabe lo que vienen a hacer.

Come y toma sin problemas,
verlo da gusto, un placer.
Luego duerme la siesta.
La madre, descanso ha de tener.

Dios te bendiga, pequeño,
tus abuelos has cautivado también.
Se pasan contigo pa'arriba y abajo.
¡Todo lo que hagas está bien!

Somos Luz y yo, bisabuelos muy dichosos,
observando el primer bisnieto crecer.
Julián cada día con su sonrisa,
logra a todos complacer.

JUNTOS

5 de agosto de 2017

En memoria de Rosa Cardona e hijo Néstor Chávez

Por mi ventana vi resplandecer
una luna llena muy bella.
A su lado observé una brillante estrella,
ese astro, mi tía, Rosa, era ella.

Rosa, la madre de Néstor,
que por él estaba en espera.
Un ángel se lo traería
para que con ella estuviera.

Madre e hijo ahora están
disfrutando de paz duradera.
Ese amor de madre e hijo
por el universo infinito les lleva.

LA CIMA

La vida es corta como todos sabemos.
Tomemos el tiempo para disfrutarla.
No mires hacia atrás, el pasado ignóralo.
Busquemos la cima para escalarla.

¿Cuánto tiempo nos queda por vivir?
Sanos o enfermos podemos morir soñando.
La muerte será dueña de nuestros sueños.
Hagámoslo todo antes que venga rondando.

Una vez la cima alcancemos,
¿Será el momento para saltar al vacío?
¿Nuestras metas, las hemos cumplido?
¿Habrá más tiempo o estamos tardíos?

Estas tres preguntas quedan sin respuestas.
Aquí nadie sabe dónde está la verdadera meta.
¿Estaremos listos para cuando Él venga?
Para todo, Él tiene las respuestas.

LA CRUDA VERDAD

2 de abril de 2018

Padre Creador del infinito universo.
No tengo evidencia de que esto sea cierto.
Pero tengo que invocar tu presencia,
la humanidad quiere conocer el evento.

No hay nadie a quien procurar,
gobiernos como religiones han fracasado.
Estas dos instituciones piensan en liderazgo,
finanzas, membresía y como mantenerse en el cargo.

Ambos han convenido en poderes separados,
uno siendo la religión, el otro el estado.
Ninguno interviene con su contraparte,
así que nada hay que investigarlo.

Si investigas como las religiones se formaron,
rápidamente encontrarás sangre en sus manos.
En el nombre del Supremo Creador,
injusticias han cometido por años.

Los gobiernos no son diferentes.
Sus historias también han de comprobar,
crímenes cometidos a través del tiempo,
manteniendo el poder y la corrupción ocultar.

Al tener conocimiento de la cruda verdad,
todos los males absolutamente tendrán cierre,
haciendo este planeta seguro para vivir,
la humanidad amorosa, compartiendo fraternalmente.

¡LA GRAN FIESTA!

17 de marzo de 2018

El día que yo me tenga que ir,
quiero gran fiesta en el campo.
¡Qué sea de mucha alegría
como las que hago al presente
para mi gente que amo tanto!

¡Qué no haya espacio para la tristeza,
que nadie irrumpa en lágrimas de llanto!
¡Qué suene música alegre de tríos
para que acalle el quebranto!
Así disfruten en un ambiente cantando.

Mi espíritu estará presente,
de mi fiesta no me aparto.
Lleno de júbilo me encontraré,
me pasearé entre ustedes
escuchando vivencias de antaño.

Es bueno que tengan presente
que la vida no termina aquí.
Se comenta que hay más de una,
que cuando se tira de este traje,
otro nuevo ha de surgir.

Así que siga la gran fiesta
y siendo las cosas así,
tanto la vida como la muerte
hay que celebrar, compartir
y gozar todo lo que está por venir.

LA TERRAZA

31 de enero de 2018

La terraza de Don Zoilo Santiago

En el Barrio Llanos Tuna,
Sector La Línea donde viví,
estaba la terraza de Don Zoilo Santiago,
donde se iba a bailar y reír.

Lugar con mucha historia,
del que cada cual cuenta sus memorias.
Aquí con sentimiento y añoranza voy a narrar
para aquel pasado bien recordar.

Los domingos en la noche
para un buen rato pasar,
todo el vecindario sabía que
era la terraza donde había que llegar.

¡Cómo recuerdo el tiempo aquel!
¡Qué mucho se disfrutaba en la terraza!
La tienda de Papita Zoilo estaba adjunta
a la izquierda, a la derecha su humilde casa.

Se levantaban unas murallas de cuatro pies
donde las losetas de la terraza terminaban.
En un punto de la pista una columna se encontraba
para lograr el soporte de la parte techada.

Había tres entradas para la pista de baile.
La principal por el lado del balcón,
otra por el costado de la tienda
y la posterior sin portón.

La salida posterior de la terraza principal
era la entrada de una terracita.
Tenía otra salida a la izquierda
y otra que iba derecho a la cocina.

Esa terracita tenía una salida en su parte posterior,
una acera larga te llevaba a dos bien iluminadas letrinas.
Recuerdo que la terracita mesas y sillas albergaba,
donde todos los bailadores se refrescaban y socializaban.

La terraza estaba a medio techar,
bailábamos siempre bajo las estrellas.
Al llover corríamos esperando escampar
en la terracita, en la casa o en la tienda.

La columna que había en la pista,
al bailar siempre la esquivé,
evitando perder el ritmo, estrellarme a la vez.
¡Cómo se gozaba y bailaba!¡Cómo añoro el tiempo aquel!

Cada domingo al caer el sol,
las muchachas llegaban bien arregladas.
En la sala o en el balcón se concentraban.
Mamita Quela amablemente las saludaba.

Los muchachos en la tienda se aglomeraban,
echándole vellones a la vellonera.
Tan pronto sonaba la primera pieza,
salían ansiosos a buscar pareja.

Algunas veces las muchachas se negaban
alegando tener la pieza comprometida.
Los muchachos seguían solicitando
hasta conseguir su parejita.

Ninguna pareja quería romper el hielo.
Tan pronto salía la valiente primera,
toda la terraza se transformaba

en noche de júbilo, baile y fiesta.

Esas vivencias bien las recuerdo,
calaron muy hondo dentro de mí.
Aquellas parejas que allí bailaron,
pareciera ayer fue que las vi.

LA VIDA

He estado buscando, investigando,
navegando y recopilando datos
para saber de qué se trata la vida
y en realidad nada he encontrado.

Alguna gente dice, "No te preocupes,
disfrútala, que siga su curso."
Todo tiende a ser un círculo vicioso
donde no hay ningún concurso.

Pero tengo que seguir buscando.
Debe de haber un propósito, ¿verdad?
¿Por qué no podemos tener una respuesta
o es que existe sólo la maldad?

Continuaré con mi indagación
hasta el mismo día de mi muerte.
Tal vez, consiga al otro lado
toda la información pertinente.

LAS LLAVES

¿Dónde están las llaves, las llaves de mi papá?
Dice que las tenía y no las puede encontrar.
Son las llaves de la casa, auto y el tapón del gas.
No tiene los duplicados que le puedan remediar.

Buscó la trayectoria del auto hasta el hogar.
Una vez entró a la casa, un baño se fue a dar.
Rebuscó los pantalones que se acabó de quitar.
No sintió nada abultado que lo pudiera alentar.

Miró encima de la nevera, el "counter" y el sofá.
Levantó los tres cojines y nada pudo encontrar.
Después de tanto rebuscar, se fue a descansar.
Estaba bien pensativo para el dilema evaluar.

Lo vi tan preocupado y le tuve que indicar
que tenemos una tablilla para llaves colocar.
Rápidamente se alegró, al poderse percatar
que ahí fue que las dejó y lo hizo sin pensar.

Es frecuente ver la gente bajo un sol ardiente, infernal,
bregando con un alambre para su auto ocupar.
Recuerden mis lectores, que esto suele pasar,
tengan sus duplicados en un seguro lugar.

LIBRE DEL PECADOR

Es tiempo de que mires hacia arriba
y veas lo que te está haciendo falta.
Careces de la Luz Divina que tu vida necesita
para la sanación espiritual de tu alma.

Entrarás a una nueva e iluminada fase,
donde los malos hábitos dejarán de persistir.
Llegó el tiempo para romper las cadenas
y procurar un esperanzador porvenir.

Te sentirás fortificado
al seguir los pasos del Señor.
Él te hará conocedor del camino,
libre del pecador.

Estará en tu corazón
y lograrás sentir Su Divino Amor.
Las enseñanzas recibidas,
te guiarán por un sendero de honor.

LIBROS Y PÁGINAS

10 de mayo de 2018

Somos libros divinamente encuadernados
en La Gran Imprenta de la Creación.
El número de páginas es infinito,
cada una, una vida, una misión.

Cada página vibra con luz propia,
jamás esa luz se apagará.
Una vez concebida, publicada,
eternamente brillará.

Cada página tendrá su nombre,
sexo definido y su misión.
Una vez cumpla con la misma,
otra página, otra reencarnación.

Nueva vida ha comenzado,
otro nombre se le ha dado.
Cumplirá otra misión
el neonato reencarnado.

La Luz Divina así es que opera
por Nuestro Divino Padre Creador.
Nos ha dado vida eterna
para obrar con mucho amor.

LO JUSTO

20 de febrero de 2018 Dedicado a Saúl Zapata Ripolls

Gente que obra con amor,
la quiero yo conocer.
Juntos le haremos justicia
al que no la pueda obtener.

Nuestro respeto y confianza,
siempre van a tener
con igualdad de derechos
sus vivencias serán de placer.

Nada hay como lo justo,
vivir en paz y crecer,
desarrollar nuestras destrezas,
siendo gente de gran proceder.

Serviremos de mentores
para que se eduque aquel,
que con razón y sin faltas,
no se pudo defender.

Amando se crea el ambiente,
al prójimo hay que querer,
invocando al Rey Divino,
bendiciones tendremos de Él.

Madre soltera

13 de mayo de 2018

¡Dios te bendiga mujer
por permitirme el nacer!
Hoy día es bien difícil
sola un hijo mantener.

Soy tu responsabilidad
hasta que pueda entender,
los sacrificios que haces
sin una pareja tener.

Ya soy un adolescente,
me has educado muy bien.
Ingresaré al colegio,
orgullo tuyo también.

Seguiré por el buen camino,
mis amistades supe escoger,
por eso nuestras vivencias
han sido de mucho placer.

Tan pronto termine el colegio,
separado de ti estaré.
Trabajaré y ayuda te daré,
independiente mi vida haré.

Gracias mi madre querida
por guiarme con amor, con rectitud,
en mi infancia, adolescencia y juventud.
Hoy padre soy, lleno de honor y virtud.

MAL DE AMORES

Yo no sé lo que me pasa,
algo me está sucediendo.
Siento el palpitar
de mi corazón contento.

Yo no sé porque será
que solo en ti yo pienso.
Te busco aquí y allá.
Te busco hasta que te encuentro.

No sé por qué tanto afán
en verte cada momento.
Tu nombre no me lo sé,
solo sé que te pretendo.

Ayer yo la vi pasar,
juro que no les miento.
Su carita angelical
la miraba todo el tiempo.

Dicen que es mal de amores
todo lo que estoy sintiendo.
Que cuando llega sorprende
y a mí me llegó el momento.

Ya yo sé lo que me pasa,
de lo que estoy padeciendo.
Tu nombre ya me lo sé,
en el celular lo tengo.

Tu nombre ya me lo sé,
en el celular lo tengo.
Tu nombre ya me lo sé,
Corazón, Vida, Tormento.

Mamá Inga

Dedicado a mi segunda madre, mi suegra, Carmen L. Rivera 10 de julio de 2017

Además de mi querida madre, otra buena tuve yo.
Inga, mi suegra por 38 años, nunca en lo nuestro opinó.
Aunque vivió bien cerca y con nosotros compartió,
supo disimular cuando algo no le agradó.

A nuestra casa llegaba después de barrer su patio
y si el nuestro no lo estaba, lo barría de inmediato.
Veterana en la cocina y sin medida, a ojo cocinaba,
todo quedaba exquisito, el pegao se aprovechaba.

Me enseñó a preparar empanadas, pasteles de guineo y yuca.
Con el toque especial que les daba, aun ella ausente, se degustan.
Sabrosas morcillas, almojábanas, arroz con dulce, tembleque,
los confeccionaba muy ricos, su legado saboreamos siempre.

Le gustaba el juego de dominó, muchas "chivas" le dimos y nos dio.
Nuestras festividades fueron alegres, hasta el traguito se lo dio.
Descansa en el Camposanto Los Robles, murió un 10 de febrero del 2006.
Su paso por la Tierra fue noble, debe encontrarse ante el Divino Rey.

María Isabel

30 de septiembre de 2018

Sé que te llamas María Isabel,
la mujer que deseo conocer.
Sueño contigo una y otra vez,
no sé si existes, te quiero ver.

De tu existencia voy a saber.
Te sigo buscando, te quiero tener.
Cuando te encuentre voy a enloquecer,
no perderé el tiempo, te amaré.

Nadie te ha visto, mi María Isabel,
sólo imagino como debes ser,
ojos verdes claros, trigueña la piel,
azabache el cabello de gran lucidez.

Estoy muy seguro que te encontraré.
Sé que algún día te dejarás ver.
No importa el tiempo, te esperaré,

presiento que pronto sorpresa tendré.

Con tu presencia listo estaré.
Un beso ardiente yo te daré.
Nos casaremos en ley por un juez,
dará comienzo la luna de miel.

MI DORADA MUÑEQUITA

Dedicada a Moraima Figueroa López Hogar Cristal del Alba, Cabo Rojo

En el Hogar Cristal del Alba
conocí una dama bonita.
Tiene unos ojos alegres
y una suave, tierna sonrisa.

Todo el mundo la conoce,
todos la llaman Morita.
Dice le duele la espalda
por eso está en su camita.

No dejen la puerta abierta,
ella se escapa enseguida.
Luego todos se preguntarán,
¿Dónde se encuentra mamita?

Conversa con todo el mundo,
siempre se encuentra tranquila.
Cuando llega la hora de comer,
es la primera en la fila.

Eres querida por todos
por ser una buena amiga.
Recibe mil bendiciones
y siempre Dios te bendiga.

Soy cantautor que te canta,
ya para mí eres familia.
Te visitaré con frecuencia,
mi dorada muñequita.

MI TIEMPO

Dedicada a Jorge L. Ramírez De Arellano

Tienes que sacar el tiempo
y brindar una sonrisa.
La vida se te escapa
por llevarla a toda prisa.

No todo tiene que ser trabajo,
tienes que disfrutar de la vida.
También, tienes que descansar
cuando el cuerpo te lo pida.

Visita tus seres queridos,
no pospongas las visitas.
Las excusas son la madre
de las llamadas mentiras.

Visita tus familiares enfermos,
te darán calurosa bienvenida.
No dejes pasar el tiempo,
ya habrán pasado a otra vida.

Tienes tanto por hacer
pero el tiempo te limita.
Planifica bien tu tiempo
y disfrútalo en familia.

Vive con sana moderación
y de una vida tranquila.
Eso te ayudará a conseguir
el tiempo que necesitas.

¡MIRA QUE LINDA!

7 de febrero de 2017

Mira qué lindo es,
es el amanecer.
Mira qué linda es,
mírate esa mujer.

Mira qué linda es
de cabeza a los pies.
La quiero conocer,
mira qué linda es.

Una guiñada me pudo hacer,
no sé qué pueda ser.
Ella me va a envolver,
me va a comprometer.

¡Cómo me mira, cómo camina!
Mírate ese vaivén,
de hombro, cadera y pie.
Coqueta ella se ve.

Loco me va a volver,
me va a enloquecer.
Loco que loco estoy, l
oco que loco voy.

Como vecina no la puedo tener,
eso no puede ser.
Me va a comprometer,
mírate ese vaivén.

Un regalito dijo me va a traer.
Viene al anochecer o al amanecer.
Dijo que va a volver,
que me lo va a traer.

Ayer yo me casé.
Ella es ya mi mujer.
Voy a la luna de miel.
Me voy a amanecer.

Tuya no puede ser.
Ella es ya mi mujer.
Ayer yo me casé.
Voy a la luna de miel.

Mira qué lindo es,
es el amanecer.
Así tiene que ser,
es nuestra luna de miel.

NEREIDA

25 de junio de 2016

Cerca al otrora teatro, San José de Mayagüez

el día 25 de junio a las 12:30 P.M.

se cayó Nereida, Comisionada Electoral del PNP.

Buscaba la llave en su cartera cuando sufrió un traspié.
Ella se fue hacia atrás, tremendo susto pasé.
Todas sus pertenencias por el pavimento rodaron.
Estaba inconsciente y sus ojos en blanco quedaron.

Sangre emanaba del cabello, yo grité desesperado:
¡Despierta! Nereida, ¡despierta!
A mis gritos unas personas llegaron.
¡Nereida, despierta! ¿Me oyes? Más de un minuto ha pasado.
Escuché su balbuceo en respuesta a mi llamado.

Las personas que llegaron, al nueve once llamaron.
Entre tres la levantamos, con una sombrilla
y un parasol de auto, del sol candente la tapamos.

Sus pertenencias recogimos, en su auto la montamos.
Conduje al Hospital Perea, a Sala de Emergencias llegamos.
Allí la pude registrar, sin cesar se quejaba
de dolor de cabeza y se sentía mareada.
Rápidamente ella fue evaluada.

Te creí muerta Nereida. ¡Fue una caída brutal!
¡Tremendo susto me diste, ruego no vuelva a pasar!

Nuevos amores

15 de abril de 2018

No pude llegar, mi amor.
Estoy muy comprometido.
El destino me hizo una jugada,
nuevo amor puso en mi camino.

Siento mucho no haber contestado tu llamada.
Fue mejor no escucharas mi voz.
No quise que te sintieras comprometida,
nuestro último encuentro, fue un adiós.

Tú mereces encontrar un nuevo amor,
que esté atento a contestar tu llamada.
Tu amor es muy profundo y sincero.
Alguien vendrá por ti, serás amada.

Si algún día se cruzan nuestros caminos,
con sensatez cada uno podrá decir,
el nuevo amor que me trajo el destino
desde el primer día, fue acertado, feliz.

ORIGEN

¿Dónde estábamos antes de llegar?
Esta pregunta está bien hecha.
Con nuestro conocimiento e inteligencia
nuestro origen no sería del mono, a esta fecha.

¿Estamos en un Plan Divino
o vivimos una vida no más?
¿Fue un accidente o pura casualidad?
Seguramente queremos saber la verdad.

Más control con nuestras vidas
se derivaría de este conocimiento.
No viviríamos con fe ciega,
el futuro sería brillante, yo entiendo.

OVNI

Hay una conspiración mundial
para evitar que se demuestre
a toda nuestra humanidad
el contacto extraterrestre.

Lo actualmente establecido
rodaría al instante por los suelos,
cuando al fin se sepa, mi hermano,
que otros seres vivos existen, lejos.

Cada día que va pasando
este asunto prevalece.
El silencio y el engaño
ni el ingenuo lo merece.

Desaparecerán las creencias
que nos mantienen confundidos.
Se reescribirá nuestra historia
por todo lo aquí acontecido.

Esa ventana abierta al universo
nos traerá revolucionario progreso.
Sabremos que la luna no es de queso.
Con paz y amor se iniciará el proceso.

Este fenómeno de los extraterrestres
es como fruto que produce la planta,
cuando está maduro cae del árbol,
con el tiempo no se aguanta.

Papi Chiten y Mami Luz

La familia Irizarry Santiago nos llama
Papi Chiten y Mami Luz.
Nos sentimos muy honrados
por su respeto y gratitud.

Hemos sido dos pilares
que con mucha sutileza
los asuntos familiares
hemos traído a la mesa.

El que más o el que menos
ha recibido nuestra receta.
Han tomado nuestros consejos
y hoy disfrutan de sus proezas.

Esto no hay que cultivarlo,
se aprende con la experiencia.
Si brindas calidad de vida a otros,
recibirás igual recompensa.

Hoy en nuestros años dorados
brindamos bienestar, siempre que se pueda.
Siendo asertivos y prudentes
con la ayuda que se presta.

Perfecta armonía

15 de agosto de 2017

¿Dónde estábamos antes de nacer?
¿Y si no hay vida después de la muerte?
¿Quién sabe cuánto tiempo estaremos aquí?
¿Por qué uno preocuparse siempre?

De haber vida, adelante, seguimos.
Los males pasados enmendaremos.
Tendremos otra oportunidad,
¡Hay más vida, reencarnaremos!

PERSEVERANCIA

3 de junio de 2018

Nada es fácil en esta vida,
todo es extremadamente duro lograrlo.
Hay que hacer un gran esfuerzo,
nada parece uno alcanzarlo.

Las metas que quieres lograr,
bien tienes que enfocarlas
y no importa cómo,
vas a poder completarlas.

Usualmente en el hogar
no encuentras apoyo absoluto.
Alguien viene y te ayuda,
quiere que logres lo tuyo.

Viene a darte la mano,
puede ser una bendición,
forjando así lo anhelado,
vino con esa misión.

Toda tu perseverancia pagó,
ya ves nada fue en vano.
Luchaste contra viento y marea
y tus sueños haz alcanzado.

¿Planificando el retiro?

30 de junio de 2018

¿Estás planificando jubilarte?
¿Adivina quién espera por ti?
Es tu esposa con los quehaceres,
quiere saber cuántos te tocan a ti.

De no ser una esposa mandona,
y tú una papa en el caucho o hamaca,
todo lo que ella hacía sola,
la misma mitad a ti te toca.

Hay unos quehaceres diarios,
otros son semanales o mensuales.
Hay que organizarse para hacerlos,
con acuerdos mutuos, responsables.

Todo no puede ser trabajo en la vida.
Salgan de compras, fiestas y a cenar.
Saquen tiempo para visitar enfermos y familiares.
Sus prioridades deben ser vacacionar y viajar.

Retirarse es vivir armoniosamente,
no contraer responsabilidades afuera.
Trabajar con tu pareja lo convenido
y ambos ser jefes de casa como se espera.

— ∞ —

POETA DE LA TROMPETA
16 de noviembre de 2017

Llegó, llegó el poeta de la trompeta,
uniendo los labios,
ese instrumento interpreta.
A todo el mundo le canta.
A todo el mundo deleita.

Le canta, le canta y lo hace a capella,
une los labios, ese sonido interpreta.
Soplando, soplando, a todos él deleita.
La sopla aquí y la sopla dondequiera.
A todo el mundo le canta este poeta.

La trompeta no se ve,
sólo el sonido deleita.
Es trompeta natural
en labios de este poeta,
cantando canciones a capella.

PRIVILEGIOS

6 de marzo de 2018

Comenzando el proceso de envejecer
empezamos a reconocer
que los privilegios que tenemos
todos empiezan a desvanecer.

Entramos a una nueva etapa,
conducir diariamente es un reto.
Alguien vino y me dijo,
"Tu auto es un adefesio."

Conducimos a velocidad tortuga,
nos tocan bocina por causar tapones.
El ruido nos lastima los oídos.
Olvidamos que una vez fuimos jóvenes.

Más viejos, más problemas tenemos,
préstamos personales no son aprobados.
Al no tener crédito para auto nuevo,
con el auto viejo nos conformamos.

Los planes de salud siempre al acecho,
¿cuál es el mejor? Eso está por verse.
Llevan una batalla descomunal
hasta que uno escoge el que quiere.

Puedo seguir con mi predicamento,
pero con estos ejemplos es suficiente.
Solo estén alertas y siempre pendientes.
¡El tiempo es implacable e irreverente!

PROGRESO

10 de marzo de 2018

La tecnología es progreso,
loas a la innovación,
está más adelantada
que toda la población.

Todo ese adelanto desenfrenado,
hay que tomarlo con moderación
en lo que el pueblo se adapta
con la nueva transformación.

Estoy a favor del progreso
pero tengo que inferir,
en lo que todo se aprende,
lo mucho que hay que sufrir.

Actualmente todo ha cambiado,
hasta cómo se socializa,
la gente te visita, saluda,
y a la tableta va a toda prisa.

Nuestros nombres son secundarios,
por números nos identifican.
Con códigos y claves nos dan pase,
si se tardan nos mortifican.

No sé cómo aprenderé todo esto.
Tampoco pienso quedarme atrás.
Tengo espacio en el cerebro,
unos cursos no estarán demás.

¡PUERTO RICO, CUÁNTO TE AMO!

¡Músicos, toquen el himno de mi patria!
¡Qué se escuche por todo lo alto!
Con mi mano derecha en el corazón
siento gran orgullo en saludarlo.

¡Músicos, un momento! Antes de entonarlo,
icen al unísono nuestra bandera.
Himno entonando, bandera izando.
Himno tocando, bandera elevando.

Himno tocando, poquito a poquito,
la monoestrellada se va izando.
Poquito a poquito, despacito, llegando.
¡Miren que bella, ya está flotando!

El himno ya está terminando.
Las lágrimas ya no aguanto.
Cierro mis ojos y veo en mi mente
un letrero que dice, ¡Puerto Rico, yo te amo!

¡QUE MALETA!

15 de abril de 2018

Déjame apreciar la maleta,
esa que tienes bajo la cama.
Parece ser fuerte y acojinada.
Mi intención es tomarla prestada.

¡Anda! Creo que me equivoqué al mirarla,
da señales de muchos viajes,
esta dama. Ha viajado veinte veces por el norte,
ida y vuelta a la Gran Manzana.

Se ve bastante deteriorada, estropeada.
Viajó diez veces ida y vuelta a Alabama.
En Alaska y Luisiana no la trataron muy bien,
la arrastraron a empujones y a patadas.

Los trancaderos no le funcionan del todo.
El ziper lo tiene despegado y rasgado.
Tiene cuatro manchas negras, por un lado
y noto una rotura ligera ahí debajo.

¡Ay de ti pobre, vieja, olvidada valija!
¡No sé porque no te han tirado!
Te han usado como ramera,
yo ya te hubiese botado.

¡QUÉ MENTOR!

¡Qué ironía me trae la vida!
El que creció junto conmigo,
a quien creí un perdedor,
hoy tengo por mejor amigo.

Hoy tuve que darle las gracias
por su pasada personalidad.
Aún con aquel gris escenario
supe discernir con sanidad.

Su asistencia escolar fue floja.
Muchas veces la verja trepaba,
evitando la entrada principal,
así unas clases cortaba.

Eso le causó mil problemas.
sentí por él mucha pena.
Aprendí por causa ajena,
asistir siempre a la escuela.

Sus opiniones eran absurdas,
siempre sin ningún sentido.
Me informé y luego aporté,
soluciones mutuas logré.

Lo despedían de los trabajos,
yo pronto me hice puntual.
Supe superarme y ser responsable
para producir y prosperar.

Él era un tanto mujeriego,
dondequiera un hijo dejó.
De ese espejo fui testigo,
hoy hombre de prestigio soy yo.

Las vueltas que da la vida,
esto nadie lo puede explicar,
siendo él mi polo opuesto,
logró su desdicha superar.

¡QUÉ TRAGEDIA, HERMANO MÍO!

15 de julio de 2016

Mira como el tiempo pasa,
observa tus arrugas en la cara,
las patas de gallina de tus ojos
y esa protuberante papada.

Estirada tienes la piel,
¿Qué me dices de los glúteos?
Celulitis en las piernas,
chichos y más, ¿esto es justo?

Sientes dolores musculares,
ya son la orden del día.
Las rodillas se te hinchan
y se trancan. ¡Qué agonía!

Al caminar parece no arrancas,
lo piensas mucho para ponerte en pie.
Te suenan todos los huesos,
osteoporosis tiene que ser.

En las extremidades del cuerpo
son frecuentes los calambres.
Cuando más tranquilo estás,
un calambre, ¡Ay, mi madre!

Tu barriga ni se diga,
sin cintura ya quedaste.
El cinturón no se ve.
¿Y ese pantalón que arrastraste?

No hay dieta que te funcione,
tal vez la de la quenepa,
comiendo todos los días
todo lo que te quepa.

El sexo bastante limitado,
en su mínima expresión.
La diabetes implacable,
te obstruye la visión.

El Alzheimer te acecha,
pierdes hasta la noción.
La hipertensión te trae loco
y cómo afecta el corazón.

En un asilo de ancianos te ingresan,
al que yo llamo Almacén.
Que te traten bien se espera,
¿Será este tu último edén?

Un cuerpo fuerte y hermoso
lo ha dejado de ser.
El tiempo acaba contigo
y nada puedes hacer.

Que ironía hay en todo esto,
así lo he podido entender,
otra vez celebramos un Año Nuevo,
fuente de la juventud no ha de ser.

Reencarnación

15 de junio de 2018

Una luz se desvanece
hasta desaparecer.
Luego resurge, resplandece,
ha reencarnado ese ser.

Luz espiritual que vibra,
con nuevo nombre ha de brillar,
ya que pudo reencarnar
en el plano terrenal.

Un recién nacido, su cuerpo,
puede ser de hombre o de mujer.
El sexo lo determina
la misión que viene a hacer.

Todas las vidas pasadas están archivadas
con sus vivencias bien documentadas.
Archivo que permanece en las almas.
Por el Padre Creador serán todas enjuiciadas.

Él las evaluará solemnemente
y les asignará una nueva misión,
lugar, tiempo y fecha de reencarnación.
Todo lo hará bajo Su Ley y discreción.

REFLEXIÓN

Razonen y ejerciten sus mentes,
piensen para no equivocarse.
Midan muy bien sus palabras,
el comunicarse es un arte.

Lo que dicen es el reflejo
de lo que encierra su alma.
Buscan en otros la falta,
sin ver en sus ojos la paja.

Repetidamente suele sucederle
a los que tienen la lengua larga.
No piensan en consecuencias,
sus lenguas tendrán que achicarlas.

Hacer caso omiso de lo que digo,
hace que cometan el mismo error.
Todos necesitan para que aprendan,
amenazas, contiendas y sinsabor.

Rectifiquen sus malas conductas.
Si nada bueno pueden decir,
es mejor callar y no decir nada,
de seguro mejorará su diario vivir.

RESPIRACIÓN

Este tema que les traigo
es uno muy delicado.
Se trata de la respiración,
esencial para el ser humano.

La asfixiante condición del asma
que padece tanta gente,
cuando viene un episodio,
puede causarle la muerte.

Bien alerta hay que estar
para asistir a ese paciente.
Esa falta de respiración
le puede afectar la mente.

No se sabe cuándo ataca
y suele pasar de repente.
El que padece esté pendiente,
es una amenaza latente.

Ser corto de respiración,
y tener constante fatiga,
triste es vivir esta situación,
y el costo, pues, ni se diga.

La alergia nasal constante,
nos agria demasiado la vida.
Cuando uno menos lo espera,
estornudos y gotereo enseguida.

A todos los problemas pulmonares
y la agobiante congestión nasal,
rápidamente hay que medicar,
para evitar severa crisis mortal.

Soy paciente de apnea del sueño,
he tenido pánico y gran susto,
por eso trato este tema,
para que usted haga lo justo.

RETROSPECCIÓN

12 de mayo de 2018

Hay un tiempo en nuestras vidas
cuando empezamos a retrotraer,
aquellas pasadas decisiones tomadas,
versus alternativas que no pudimos hacer.

Sólo se puede especular,
empezando a fantasear.
¿Fueron mis decisiones acertadas
o mejores pude tomar?

Surge un torbellino de pensamientos.
¿Habría sido todo diferente?
Pero el destino es implacable,
nos puso otra cosa en la mente.

Retrotraer es como los sueños,
al poco tiempo se desvanecen.
De momento regresamos serenos
y esos pensamientos desaparecen.

El futuro es ahora nuestro norte
con objetivos concretos tal vez.
Conociendo que el destino tiene su voz,
observemos lo que quiere esta vez.

ROMPE CADENAS

En memoria a mi compañera maestra Eulalia Texidor (Laly) 17 de julio de 2011

Mujer, tienes que romper cadenas
para que puedas salir adelante.
Vive en completa seguridad
ante ese ser maltratante.

No puedes seguir encadenada
a una relación fracasada.
Perdón tras perdón, han sido errores,
el abuso verbal sigue, el puño y la patada.

Es urgente el buscar ayuda
o la situación se te agrava.
Cuando menos te lo esperas,
el perdonado, con tu vida acaba.

Este asunto es difícil de resolver,
muchas veces no se sabe nada.
Cuando ocurre la tragedia
es noticia de primera plana.

Mujer, si te sientes aludida,
busca ayuda inmediata.
El maltrato es asunto muy serio,
infórmate de programas que lo tratan.

ROMPECABEZAS

Vivimos en este enigmático planeta Tierra,
lo considero un gran rompecabezas.
Nosotros componemos cada una de sus piezas,
difícil colocarlas una vez están revueltas.

El mundo también es un complicado laberinto,
se comienza el camino por la vía principal,
la dichosa salida no se encuentra y
la trayectoria es ardua hasta llegar al final.

Esta vida es un tanto difícil,
ya ustedes se habrán dado cuenta.
Tenemos que amarnos y trabajar
para salir airosos de estas vivencias.

Unos a otros nos tenemos que ayudar
a ver si la humanidad se endereza.
Busquemos entre todos, el consenso,
solicitemos del Señor la fortaleza.

Salvador Brau y Asencio

12 de octubre de 2005

Para él la lectura fue primordial,
de niño fascinó a Salvador Brau y Asencio.
Le sirvió de histórico marco ideal,
formó su personalidad y su brillante intelecto.

Vivo ejemplo de un adolescente de su época,
escribió discursos y poesías, brillando como autodidacta.
Fundó un Circulo Popular de Enseñanza Mutua,
y en Cabo Rojo dirigió una Sociedad Dramática.

Defensor de las pobres clases campesinas,
libre pensador y gran sociólogo.
Se lanza en política a favor de las reformas,
la liberación fue su norte y en la lucha, vigoroso.

Nombrado primer historiador oficial puertorriqueño,
trabajó en dar luz a los orígenes de este pueblo.
Reflexionó e interpretó poemas sociales con empeño,
hoy es merecedor de la celebración que contemplo.

SE NOS VA LA VIDA

Es común escuchar el decir
que por esto o por aquello,
se nos va o escapa la vida,
de no hacerse algo al respecto.

La vida en sí va evolucionando,
hay eventos que no podemos evitar.
Todo cambia constantemente,
lo que era inaceptable, hoy se puede aceptar.

La tecnología va a pasos agigantados,
más rápido que el aire que se respira.
A pesar de todo el progreso que trae,
sentimos se nos escapa la vida.

Todas las culturas hoy se integran
y es así en gran medida.
Lo que antes fue, ahora no es,
hoy tiene otra perspectiva.

Si te resistes tanto a los cambios,
perecerás lentamente en solitaria agonía.
Igual al filme, "Lo que el viento se llevó,"
los cambios arrasarán con lo que creías.

No te aflijas corazón por los cambios,
disfruta y cántale a la buena vida.
¿Por qué preocuparse por todo?
Esta vida es la importante, ¡qué se viva!

SEIS BESOS

12 de octubre de 2017

¡Qué clase de borrachera!
Sabes bien no es de licor.
Fueron esos seis besos
que me embriagaron de amor.

El primero fue con cariño,
el segundo fue a viva voz.
Nos tomamos de las manos,
nació nuestra bella ilusión.

El tercero fue apasionado,
el cuarto y quinto los procuré.
Quedé tan y tan embriagado,
que el sexto, ¡No sé cómo fue!

Fueron esos atrevidos seis besos
que me hicieron comprender,
no se necesita de alcohol
para íntima relación mantener.

Actualmente sigo borracho,
tú te emborrachaste también.
Como no es de licor la borrachera,
en pie enamorados, luciremos muy bien.

Sin ti

Poema inspirado en colaboración con mi prima Nélida Matos Santiago (Nellie).

20 de diciembre de 2017

Necesito mucho de ti.
Tengo tanto para darte.
Te encuentras lejos de mí.
¡Qué difícil para amarte!

En ti pienso cada día,
de noche al acostarme.
Coloco a mi lado tu almohada,
sueño que estás para amarme.

Sé que algún día regresarás,
esperando estaré por ti.
Un fiel amor como el tuyo
no es fácil sustituir.

No importa el tiempo que tardes,
siempre esperaré por ti.
Tu amor por mí, como el mío,
sin ti no puede existir.

SOBRE RIELES

Estoy contento porque mi hermano y yo,
tenemos excelentes términos familiares.
Las hermanas María y Luz, nuestras esposas,
están muy complacidas y felices.

Tomó tiempo en encontrar la calma,
a la larga todos satisfechos estamos.
Los asuntos todos fueron atendidos
y todas las presiones bajamos.

Desayunamos temprano en la mañana
y por la noche fuimos al cine.
En ambas ocasiones conversamos
y como niños traviesos, uno que otro chiste.

Así como un tren veloz sobre rieles,
recorreremos todo el terreno perdido.
Buscaremos un brillante futuro,
lo haremos juntos y unidos.

Sobrevivir

Una vez te hospitalices
por semanas o por días,
asegúrate que un familiar
te acompañe en la estadía.

Este consejo es por experiencia,
mami y yo estuvimos en esa escena.
Muchas veces fue admitida,
para ambos, una condena.

De esa experiencia, les rimaré
los episodios que nos pasaron.
No se puede creer, pero cierto,
nada saludable la trataron.

En dos ocasiones, para la cena,
Su cena nunca llegó.
Me quejé a la enfermera de turno,
"Mami está hambrienta, ¿qué pasó?"

Gracias a Burger King y Kentucky,
que no estaban en la lejanía,
le compré a ella su comida,
mientras la queja yo escribía.

Conocía toda la medicación
y la hora para medicar.
Cuando no llegaban a tiempo,
rápido iba a preguntar.

A las cuatro de cada mañana,
la pinchaban para sangre extraerle.
Como sus venas eran muy finas,
con el doctor acordé, hacerle frente.

Yo sería el monitor de su azúcar
con un aparato portable.
Así evitando pinchazos sin piedad,
para la satisfacción de mi madre.

A las cuatro, como de costumbre,
llegó la enfermera con su rutina.
Yo me sorprendí al verla
y rápido fui a intervenirla.

¿No lee usted las órdenes?
El doctor y yo acordamos,
Yo monitorearé la glucosa,
su entrada aquí ha sido en vano.

Si ingresas a un hospital,
y solo te tienes que quedar,
pídele a Dios que intervenga,
por el tiempo que vas a estar.

Así que, está bien pendiente,
mantente en alerta siempre.
Ten a alguien presente
y tendrás un servicio excelente.

SOLEDAD

18 de diciembre de 2017

Ayer me quedé solito.
Hoy te quedaste solita.
Mañana un encuentro inesperado,
nos nace una nueva conquista.

La soledad significa tristeza,
inmisericorde calidad de vida.
Nos trae depresión, desasosiego,
hasta pensamientos suicidas.

Hay que sintonizar música alegre,
sonreír y cantarle a la vida.
Bailar, cenar y beber lo que quieras.
¡Eres única e irrepetible semilla!

No tengas miedo a la soledad,
pues también de ella te beneficias.
Puedes meditar y te relajas,
valoras tu existencia y te reconcilias.

¡No hagas de la soledad tu vida!
Te puedes hasta trastornar,
con un solo boleto de ida
y ninguno para regresar.

SOMOS

El que nace en Puerto Rico
es ciudadano americano.
Somos boricuas estadounidenses,
¡que lo sepa todo el mundo, mi hermano!

Hay muchos que quisieran tener
la ciudadanía que nosotros ostentamos.
Somos puertorriqueños, boricuas,
orgullosos ciudadanos.

Toda la igualdad ciudadana no tenemos,
por ser solo territorio americano.
La obtendremos una vez el pueblo pida
convertirnos en estado federado soberano.

No habría que nuestra bella isla abandonar,
con todos los derechos, al tener la igualdad.
¡Tendremos representación en el Congreso
con voz y voto hechos realidad!

SOY POETA

16 de noviembre de 2017

Soy poeta bilingüe, escribo en español y en inglés.
Mis temas son cotidianos de general interés.
Si es primera vez que me lees,
de seguro me vas a releer.

Mis poemas promedian cinco estrofas
cada una de cuatro versos, rimando con lucidez,
lenguaje de vocabulario sencillo
que cualquiera lo puede entender.

Compongo para que todos disfruten
y sientan ese grato placer
cuando la musa toque su fibra
y vibre todo su ser.

Al traducir de inglés al español
al igual que de español al inglés,
conservo todo el mensaje,
su esencia procuro mantener.

Domino la traducción al instante,
el contenido siempre hay que atender.
La rima es de suma importancia,
sin ella un nuevo poema es difícil componer.

SUEÑO NEVADO

"¡Está nevando en Puerto Rico!"
"¡Qué gran alegría y fascinación!"
le gritaba a los vecinos,
la nieve cayendo en mi balcón.

"¡Está nevando en Puerto Rico!"
"Todos salgan pronto a verla."
Del norte nos llega esa nieve.
Es el trópico, ¿por qué tenerla?

Sorprendidos quedaron todos
al salir de su diaria rutina.
Me escucharon fuerte gritar,
"¡Los tiempos que se avecinan!"

Sentí que el tiempo estaba frío,
escalofríos por toda mi espalda,
la sábana no cubría mi cuerpo,
desperté para ver qué pasaba.

TOLERANCIA

15 de enero de 2018

Si desean vivir en pareja,
tienen que tolerarse mutuamente.
Cada cual es un ser único,
que vive y piensa diferente.

Tratar de cambiar el ego del otro,
no es lo saludable, prudente.
El constante hostigamiento
causa desasosiego inclemente.

Se recomienda llegar a acuerdos
para disfrutar la vida tranquilamente.
Si manipulas a quien dices querer,
estás equivocado totalmente.

La tolerancia es armonizar nuestras vidas
de manera que tengamos calidad al vivir.
Abracemos todas estas diferencias
para con amor esa unión compartir.

Somos como naves a la deriva
buscando siempre un puerto seguro.
Timoneando con tolerancia mutua
no habrá quien nos saque de rumbo.

Un luchador

Siempre he sido un luchador,
pelearé hasta el día que muera.
Ese día si la muerte me provoca,
le daré una tremenda pela.

Un contencioso reto tengo adelante,
me hace usar bien la cabeza.
A corto o largo plazo, hago la apuesta
para luchar, así conquistar la meta.

Muy poco es lo que le dejo al destino.
El rumbo que he de seguir está
en buscar el gran galardón
que uno quiere y anhela.

Durante estas escaramuzas
perderé uno que otro punto.
Los analizaré, valoraré enfocado
para recobrar todo el conjunto.

Un nuevo traje

Se nos ha dicho que al morir
al Infierno o a la Gloria llegará el alma.
Yo no creo que eso así sea.
Todos pónganse a pensar, si cierto fuera.

Un perpetuo horno en el Infierno,
la Gloria con su paz santificada.
Ambas alternativas son muy extremas,
las considero altamente equivocadas.

Las almas estarían ahí en suspensión.
No habría para dónde ir, ¡qué encierro!
Atrapados, aburridos, solo desasosiego.
Responsabilidades ninguna, eso no lo quiero.

La reencarnación entiendo sería plausible,
nos permitiría vivir una nueva vida,
con un nuevo traje para nuestros cuerpos
y un nuevo comienzo, buena alternativa.

Esta alternativa suena prometedora.
Debe de estar activa en nuestras mentes,
en caso de que las otras dignas no lo sean,
tendríamos esperanza para nuestra gente.

UNA BRISA SONORA

¡Qué madrugada tan preciosa!
Ya falta poco para la aurora.
Versos vibrantes me tocan,
los trae una brisa sonora.

Con mi mente clara los percibo,
me invitan a levantar.
Busco un lápiz y un papel
para poderlos plasmar.

¡Cómo fluyen esos versos,
con su rima sin igual!
¡Se me eriza toda la piel
de tanta creatividad!

Despunta el primer rayo solar.
La noche se despide, nace el día,
con esos claros del alba,
nace esta hermosa poesía.

No hay forma de cómo predecirlo,
cuando te llega la musa.
Bienvenida sea cuando llegue,
el poeta su fino lápiz aguza.

Una dama especial

16 de mayo de 2018

Elba Rivera Cardoza, ex maestra, compañera,
fuiste a morar con El Creador.
Hoy 16 de mayo es día de tu santo
y te recuerdo con mucho fervor.

Siempre recuerdo aquél pasito
que con elegancia dabas al caminar.
Te gustaba el buen vestir,
con todos compartir y platicar.

Tu sonrisa afable, sensible,
parece escucho tu moderada voz,
aquella vez que me dijiste,
"Luis, para discutir se necesitan dos."

Todas tus aspiraciones
las pudiste realizar,
con sacrificio estudiaste,
fuiste una educadora ejemplar.

Ama de casa, esposa y madre,
todo lo pudiste conformar,
conciliadora de mucho amor,
ese legado lo pudiste dejar.

Hoy parece que no te has ido
entre nosotros debes estar.
Tus familiares y amistades,
nunca te vamos a olvidar.

VECINO DILIGENTE

(Dedicada a Christopher Arroyo García)

¿Cómo puede ser posible
que yo llegue a mi casa,
pasada la media hora
y a mí me llame el vecino,
para decirme enseguida,
que mi auto esta encendido,
que escucha el abanico del radiador?

Lo pongo en duda enseguida,
me muevo y le doy una miradita,
veo la luz de reversa encendida.
Corro a toda prisa,
no creía lo que veía.
¡Qué sorpresa fue la mía
al ver la llave en la ignición!

No se descargó la nueva batería,
que había puesto hace tres días.
Fue una torpeza la mía
bajarme del auto ese día
y dejar la llave en la ignición.
El cambio estaba en reversa
y la emergencia salvo la situación.

Mi diligente vecino, Christopher,
se encontraba la yerba podando,
la máquina detuvo, muy cerca de mi auto.
Escuchó el abanico, de un grito me alertó.
¿Cuánto tiempo hubiese pasado?
Eso solo lo sabe Dios.
Gracias a mi vecino, un problema me evitó.

Verdaderos amigos

Amigos verdaderos, siempre sinceros,
junto a ti en tiempos malos y buenos.
Son nuestros ángeles guardianes,
aun sin citarlos los tenemos.

Solo conociendo tus queridos amigos,
sabemos de la madera que estás hecho.
Ellos forman parte de tu ser.
Su comportamiento es tu digno reflejo.

Como escogiste los mejores,
en tu vida has sobresalido.
Tus amigos de igual manera,
por ser tú, verdadero amigo.

VIDA ETERNA

6 de junio de 2018

A distancia me vi inerte,
unos lloraban mi muerte.
Pero vivo yo me encuentro,
confundido solamente.

Alguien se me acerca y dice,
"Ese eres tú, detente,
es tu cuerpo el que dejaste,
el que te dio vida terrestre."

La vida continúa, es eterna,
no se acaba para siempre.
Son infinitas las que se viven,
eso tenlo en tu mente.

Hoy entregaste este cuerpo,
ante El Creador, tu espíritu presente.
En tu alma están grabadas
tus vivencias con la gente.

Nuestro Amoroso Creador te juzgará,
te evaluará solemnemente.
Te asignará otro lugar
donde reencarnarás nuevamente.

¡VIVAN LA PASIÓN!

Con el permiso de ustedes, les vengo a presentar
mi segundo bello poemario, sé les va a encantar.
Está escrito en inglés, también en español,
en ambos lenguajes me defiendo yo.

Si son bilingües, les aseguro yo,
disfrutarán 203 joyas como lo hago yo.
Temas muy diversos, pónganle atención,
traen un mensaje de fascinación.

Muchas de ellas suelo a capela cantarlas,
es lírica de mi inspiración.
Cada melodía es exquisita,
con su ritmo causa sensación.

Sonidos de trompeta, los emito yo,
uniendo los labios, soplo a precisión.
Las gracias les doy, lleno de emoción.
Lean mi poemario, ¡vivan la pasión!

VIVIR PARA AMAR

20 de junio de 2018

No hay que ser religioso
para poder invocar al Creador.
Él es Nuestro Padre Amado
y nos creó con amor.

¿Cómo fue que lo hizo?
Con sabiduría y amor.
Todos somos hermanos,
no importa credo, sexo, raza o color.

Su única ley es el Amor
que rige todo el infinito universo.
Sin duda Él es el autor,
en Su Amor estamos inmersos.

Compartir con todo el mundo
nos llena de inmensa satisfacción.
Con El Creador siempre presente
sentimos júbilo en nuestro corazón.

Uniendo todas nuestras fuerzas
y con los brazos abiertos,
démosle la fraternal bienvenida
al que se encuentre en aprietos.

¿VIVO O MUERTO?

A la memoria de Luis E. Padilla Justiniano (Kico) falleció 21 de julio de 2017

No sé si vengo o es que voy.
Quien me cuida no conozco.
Me llama por un nombre, Kico,
que tampoco reconozco.

No sé lo que está pasando,
me pasean por la casa.
Solo pienso en el pasado,
es presente que no pasa.

Me visita muy poca gente
que pregunta y me habla.
Yo no puedo contestarle,
pues no sé de qué se trata.

Poco hablo y no entiendo
lo que digo, siento y pienso.
Solo escucho que se quejan
de penas y de lamentos.

Siento los rayos de un sol mañanero,
busco en ellos un oasis, un remedio.
Solo estoy al caminar por dunas de arena,
en un inhóspito, desolado y despiadado desierto.

No sé si es que estoy dormido
o será que estaré despierto.
¿Cuál será la diferencia?
¿Estoy vivo o estoy muerto?

¿Y QUÉ?

El hombre macho de antes
no es el mismo de ahora,
cuando busca una pareja,
hasta de otro se enamora.

Igualmente sucede con la mujer,
parece ser que esto es la moda,
son frecuentes los compromisos
de una dama con la otra.

Este tipo de conducta de pareja homosexual
siempre ha existido en toda la historia mundial.
Por siglos han sido perseguidos, discriminados,
hoy están ganando terreno, hasta se pueden casar.

Esto está ocurriendo aceleradamente, sin parar.
Como todo cambio radical, uno se acostumbrará.
Con el tiempo será una conducta normal,
esto se veía venir, nada lo podía evitar.

Considero que todos conocemos y callamos
que en nuestras familias la conducta existe.
Vanamente tratamos la misma ocultar,
pero se haga lo que sea, la situación persiste.

Con el tiempo todo sale a relucir,
uno tiene que acostumbrarse,
darle el apoyo para que reciban
calidad de vida y derecho a realizarse.

Muchas injusticias se han cometido
con la comunidad LGBT a nivel mundial.
Aun les falta mucho para obtener,
igualdad de derechos para progresar.

Todo evoluciona en la vida,
lo que fue ayer, hoy ¿y qué?
Disfrutemos siendo inclusivos
y al futuro ir enderezándole los pies.

89
POEMS
TO BELOVED

❖

Acknowledgements

Professor María E. Petrovitch Marty was positive in editing the Spanish section of my first book of poems "One Hundred Precious Polished Stones" and was eager to get her hands in editing the Spanish section of my second, "Two Hundred and Three Poems to Beloved". Thanking her is not enough to express my gratitude for her work. She mentioned how she enjoyed the poems during the process. She merits to be my second pillar in achieving this masterpiece; her collaboration was outstanding. I'll always be in debt with her.

My daughter, Mariam Santiago Torres, edited the English poems and also took my photo for the back cover of this book with my first two-year-old great grandson, Julián A. Padilla Santiago. The book's cover design and its inside division were created by my distinguished friend and graphic designer Chris Martínez Ramos.

Family, I love you and I am grateful to have you as participants of my second jewel, a timeless treasure.

DEDICATION

Today, Monday, August 6, 2018, I completed my second poetic masterpiece titled "Two Hundred and Three Poems to Beloved".

I dedicate this excellent achievement to my daughter Mariam Santiago Torres for her devotion and arduous collaboration in making this publication possible.

Her faithful support and interest in reaching my second objective makes her my first strong pillar and merits all my love and recognition.

Dear daughter, the work was challenging, but we finally accomplished it.

Receive my blessings and the profound love of a grateful father, who adores you.

BIOGRAPHY

My father, Luis A. Santiago Matos was born in Cabo Rojo, P.R. on November 16th, 1946. His parents were Ángel F. Santiago Ramírez and Brunilda del Carmen Matos Montero. He has an older brother named Ángel F. Santiago, Jr.

He studied his primary grades in Federico Degetau School in Llanos Tuna, Cabo Rojo.

His secondary grades were studied in Public School 43 in New York City. He returned to his native Cabo Rojo and studied the tenth grade in Luis Muñoz Marín High School. His last two high school years were studied in Haaren High School, New York City.

He married Luzbaldí Torres Rivera in Cabo Rojo on January 20th, 1968. They went to live in New York City. Uncle Sam from the US Army drafted him on April 19th, 1968.

My mother returned to Puerto Rico expecting their first child. Meanwhile, he was stationed in the Pacific War Theater in Korat, Thailand. He served fourteen months there and his discharge from the service was on November 25th,1969, two days short from my first birthday. Once in Puerto Rico, he built our first small cement and wooden house.

Later, he enrolled at the University of Puerto Rico, Mayagüez Campus in a government bilingual program designed to prepare bilingual teachers to teach English as a second language in the Puerto Rican Public School System. My dad graduated in 1977. He taught in the following schools: Sabanetas Maní and Segundo Ruiz Belvis Elementary School, both in

Mayagüez. Luis Muñiz Souffront (Joyuda), Juan E. Silva Asencio (Sabana Alta), S.U. Pedro Javier Petrovitch (Puerto Real), S.U. Federico Degetau (Llanos Tuna), and S.U. Carmen Vignals Rosario (Boquerón); all of them located in Cabo Rojo. He dedicated 21 years of his 32 years as an English teacher to the Puerto Real community.

Shortly after his arrival to Puerto Rico, my sister, Sophy Marie Santiago and my brother, Luis Ángel Santiago "Bomby", were born. Now, he is a proud grandfather of five beautiful granddaughters: Desireé Marie, Valerie Nicole, Coral Mairis, Cristal Merlis and Sofía Gabriela. He also has the joy of having a great-grandson named Julián Antonio.

After teaching for thirty-two years, he retired on July 24th, 1999. Since 2000, he has kept writing poems, which he says are his life; his polished stones. Today he feels grand satisfaction with his second poetic masterpiece "Two Hundred and Three Poems to Beloved". Among them he highlights, "The Grand Fiesta!", "Mona Island" and "Loving Nature", which were written in English and Spanish.

Dear Dad, we love you with all our hearts, God Bless you always.

Your daughter,

Mariam

INTRODUCTION

My second poetic masterpiece "Two Hundred and Three Poems to Beloved" contain 114 poems in Spanish and 89 in English, which 79 were written in both languages. The title denotes the love, excellence and quality in composing each poem. All the themes are of general interest. The vocabulary facilitates easy reading with clear messages which will bring to everyone a better quality of life.

I write superficially about religious and political themes. Tolerance is a must when different opinions are given when writing about these issues; or other social issues as well. They have the tendency to provoke divisions in our society. Thus, I have to focus writing them lightly and let the advanced technology open all minds. It will give us the knowledge to accept today what was not accepted yesterday, making our future socially smart. Being inclusive is the correct North to follow in our mysterious and complex world.

My profound best wishes to all my readers. Relax and read my "Two Hundred and Three Poems to Beloved". I'm sure you will re-read them and be fully delighted.

TABLE OF CONTENTS

Second set of numbers - Spanish version

```
E    L    O    I
t    i    m    n
e    g    n    f
r    h    i    i
n    t    p    n
a         o    i
l         t    t
          e    e
          n
          t
```

The Almighty

Prologue

Just like life, mysterious and complex, such is the infinite universe. Each human being is a unique world that thinks and does things differently. We ask so many questions about life and nobody has the answers. What we accept today, tomorrow might not be, and what wasn't accepted then, would be what people live today. Life is in constant evolution.

Many of the poems bring themes that might hurt feelings to some of my readers, but tolerance is the key to deal with them. Today's fast-moving technology will open our minds bringing fundamental changes in our society. Many barriers will be broken and we'll live being inclusive with innovations in all aspects of our society.

My writings are diverse and for people of all walks of life. I don't write for individuals or groups. My dedicated poems can be enjoyed by the general public, no strings attached. Poems which themes you don't favor may cause controversy. They will provoke conversations and exchange of ideas. Who knows if in the near future you come to terms with the rejected ones. It's all a matter of respect, love and tolerance in order to live fraternally our marvelous social diversity.

A Sonorous Breeze

These predawn hours are beautiful,
I feel vibrant verses touching my skin.
A sonorous breeze fills my bedroom
With verses, as daylight filters in.

With a clear mind, I perceive them,
They command me to write now.
I immediately take pencil and paper
To jot all these verses down.

How swiftly they flow
With their unexpected rhyme.
I get goose bumps on my skin,
My face grins with a sweet smile.

The first ray of sunrise is displayed,
Night departs; a new day is here
And with the early dawn hours,
A new poem debuts, causing tears.

There is no way to predict them
When verses will make the scene,
I will be pencil and paper ready,
If awaken from a dream.

ALL MY LIFE

January 18, 2018

I have loved you all my life
And it seems, I always will.
Consequences are not important
I just can't forget you still.

We met very young one morning
Our attraction mutual went
Distance made our love retreat
With our love we couldn't contend.

A new love knocked at your door
Destiny was only to blame.
It sent sparks going your way
And our love lost all its flame.

You decided to get married
But I never forgot you
If I find you on my path
I will cordially salute.

We have been blessed all our lives.
A future with favorable results.
We are very grateful today,
Giving many thanks to Our Lord.

AMONG THE BEST

It could be a yes.
It can't be a no.
In this competition
I will get the gold.

From all the contenders
I'm the best known.
It could be a yes.
It can't be a no.

I am very sharp
With my execution.
It could be a yes.
That is my conclusion.

Just follow the rhythm
And live the emotion.
It could be a yes.
Just show your devotion.

With my mind all set
And my readiness,
It could be a yes.
I'm the very best.

The results are in
Favorable for me.
It could be a yes.
I'm ready to win.

The waiting is over.
I'm getting the trophy.
A definite yes.
Nothing there to worry.

Well it was a yes
And it couldn't be a no.
Among all the players,
I have won this show.

ANNABELLE

January 28, 2018

I want to see you very close
Your name I want to know
I heard you're called Annabelle
Name that enlightens your soul.

I always see you passing by, Annabelle,
I personally want to meet you.
If you grant me your friendship
Our amicable relation will grow.

You have such a pretty smile
A sweet voice and way of living
They are dignified qualities
Of a lovely, beautiful being.

You will have a brilliant future
An amorous husband as well.
You should know due to your beauty
With blessings you will excel.

Thank you for your truthfulness
Enchanting humbleness, simpleness
Whoever you get to befriend, Annabelle,
A great friend they'll have, no less.

BAR- LESS JAIL

January 23, 2018

I am a prisoner in a bar-less jail.
Eternal inmate with a grave dilemma
I was free without faults whatsoever
Sharing with all triumphs and endeavors.

Today, I'm confined in my body
With all my five senses perturbed
They have not rendered for long
I don't know why or in what measure.

I'm still breathing, still alive
Living suspended in obscure hell.
Time goes by and I can't tell
Only past events, I know well.

My torture came through time
My caregiver knows and with watchful eyes
Is always on guard to appease my mind
Knowing the whirlwind that lurks inside.

Books and Pages

May 10, 2018

We are books Divinely Assembled
In the Creation's Printing Press.
The number of pages is infinite
Each page a life, new flesh.

Each page vibrates with inner light.
It will never vanish, diminish.
Once conceived and published
Eternally it will shine, privileged.

Each page will be named
With a defined sex and mission,
Once that assignment is accomplished
Reincarnation is commissioned.

Another life will commence
When the new page is conformed
The new mission will be assigned
By Our Creator to the newborn.

That's how The Divine Light operates
By Our Father, The Creator
He has given us eternal life
He is Our Guide and Protector.

BULLYING
March 29, 2018

Bullying has always existed
In every corner of our world
But it has been stigmatized
Solely as children's behavioral role.

I consider that a little bullying
Could be prudent, a wake-up call
But our social life is not rosy pink
As victims we must fight to stand tall.

Still assertive measures and orientation
All concerned must discuss,
agree and implement.
Thus, avoiding the frail and disabled victims
From the constant bullying and torment.

It's not an easy scenario to cope with
People live in fear, while others care less.
They look at these issues over their shoulders
Assuming the trend will end itself.

Numerous incidents have ended in deaths
And people become quite upset,
Placing the blame on others right away
But, it's preferable to get involved and prevent.

COLLEGE DEGREE

July 14th, 2018

Is it really necessary to obtain
A four-year college degree
Or a two-year technical program will do
For one to suffice and subsist?

If you consider going beyond
Think of how old you would be
And if jobs will be readily available
Once you finish your degree.

There are many short-term programs
You sign a contract with them
By which a job will be guaranteed
Upon completion of your term.

Will you be self-employed
Or be working for a firm?
Are the wages being offered worthy
Considering all the study time put in?

It seems that technical programs
Have better wages now than before
Technological programming advances
Have a myriad of jobs with open doors to explore.

Consider all your study options
Focus on your future career
If a short or long-term study will do
And how fast your job will appear.

COMFORTABLE

April 5, 2018

You will think of me when I'm gone
You know why I've always protested
You will then resolve as you can
With the money I left tested.

I don't plan in leaving you riches
All I work for, I'll definitely enjoy.
Even though you will not be bankrupt
I'll spend comfortably and rejoice.

With little money one can live
Quality of life can be obtained
Spending wisely, one's savings
Security and pleasure will reign.

As soon as I'm gone, my dear,
Look for the amount I left.
But don't forget we are all mortals
And death could visit you first.

My protests are all legitimate
At the very end, you'll understand.
Don't make public what they were
In secret always keep them.

Since there's nothing serious to reveal
Let's not talk about yesterday.
The one that remains still standing
Live comfortably the rest of his days.

CUPID CALIENTE

February 14, 2018

We made eye contact from afar
We met briefly, sat to rest.
We exchanged a few words
And Cupid targeted our chests.

Cupid has a grave dilemma
He knows I'm not a free man
He provoked my faithful heart
His demeanor, I don't understand.

I have to let him resolve.
I didn't ask him for a favor.
He played with my feelings
Allowing this kind of behavior.

I observed him serene and happy
As he whispered to my ear
"Your present love is unfaithful."
" The love of your life is here."

Analyzing the whole situation
Cupid was right all the way
It has been quite some time
Our love has gone astray.

Today, I must thank Cupid.
He kept me free from deception.
I will keep faithfully firmed
With my new loving relation.

DAIANA

Friend, to live life is not easy.
Disposing of it makes you a coward.
Bring light to your senses;
Hope will reign supreme without a hazard.

You'll triumph like the Phoenix,
Leaving behind just bitter ashes.
Let them be carried by the wind,
As the Lord over you watches.

You gain nothing by focusing
On a failed relationship.
Look for a new happiness,
A new love, to warm your sheet.

No one should die for another,
The finish line you have reached.
Thank God for what you have lived.
There is more of love to keep.

Life doesn't end here, you know.
What is left, enjoy it.
A new love will arrive you know,
When you least expect it.

Value what you have obtained
And you'll find you have progressed.
Another obstacle in your life, may come.
But not keep you from the best.

DAWN

I want to be your dawn today.
To be with you; I want to stay.
When I left home, I heard you say,
"I'll be waiting for your embrace."

Our naked bodies are being bathed,
By the sun's brilliant filtering rays.
Under the covers we want to stay.
Our enamored bodies just want to play.

And our true love will flourish then,
We'll be together the perfect blend.
Madly in love, we'll always be
And it will, till the very end.

We will be one, not two nor three.
Our faithful love is ours for keeps.
Madly in love, we'll always be.
It all began with a first kiss.

Dead or Alive?

January 24, 2018

In memory of Luis E. Padilla Justiniano (Kico) Died July 21, 2017

I don't know if I'm coming or going
My caregiver, I don't know.
I'm called by a name, Kico.
To me also an unknown.

I don't know what's happening
I have nothing to show.
I only think of the past
It's my present that won't go.

I don't get many visits.
People that come speak their best
What they say, anyone's guess.
I just close my eyes to rest.

I speak without any knowledge
Of what I say, think or feel.
I hear people speaking aloud
Nothing to me is revealed.

I feel the early morning filtering sunrays
I search in them for an oasis, a solution
Only finding myself walking hot dunes of sand
On a desolate desert of merciless confusion.

I don't know if I'm asleep
Or if I'm really awake.
What would the difference be
In being alive or dead?

DEFYING DESTINY

You come to me with your love,
Full of love, I have received you.
Everyone in our small town,
Knows our love is a big issue.

Who's the culprit of our love?
A Spanish archer named "Cupido".
He has thrown so many arrows
One of them hit my ego.

You have also fallen prey
Your love hasn't gone astray,
Making sparks burst into flames,
Ensuring our love finds its way.

We will follow our illusion
With much beauty and details.
That's the strength in our relation,
It will prove our love won't fail.

Our love will blossom then,
Getting us closer to the altar.
Our engagement will be blessed
The Divine will be our counselor.

There is nothing like true love,
When our love is being answered.
When I'm with you, nothing else
In this world is really grandeur.

"Nothing is forever," has been stated.
But we'll prove that a lie.
This love that we profess,
Destiny itself, will defy.

DILIGENT NEIGHBOR

(Dedicated to Christopher Arroyo García)

How could it be possible,
That I arrived at my home
A half an hour has passed
And from my neighbor
I get a call.
He tells me right away,
That my car is on drive.
Since he listens to
The radiator's fan.

Immediately, I doubt it.
As I move to take a look,
I see the reverse light on.
I rapidly asses the scene.
I couldn't believe what I see,
It was a big surprise for me
To see the car's ignition on.

The battery didn't go dead.
I had it installed, three days ago.
I was real careless, I'll say,
To step out and go,
Leaving the car's ignition on.
The gear was in reverse,
The emergency brake held on.

My diligent neighbor, Christopher,
Was mowing his lawn that day.
He had stopped to clear the machine,
When he heard the radiator's fan.
Right away he alerted me!
How long would that have been?
Only God would have known for sure.
Thanks to my diligent neighbor,
I am now alert, that's for sure.

ELOI

May 21, 2018

Eternal Light, Omnipotent and Infinite
Almighty Architect of Your Creation
There's no beginning or an end
The universe is in constant formation.

Almighty Supreme Spirit
Love is Your only Law
We're Your spiritual children
You reign and govern us all.

You created us at Your Image
Being eternal to continue living
Through the reincarnation process
Infinite lives we are given.

About the infinite universe
Let it be known, we're not alone
Just like on our Planet Earth
Eternal life there goes on.

ETERNAL LIFE

May 1, 2018

I saw myself inert from afar
People were crying profusely
I just felt somewhat confused
But alive I find myself, absolutely!

Someone comes quickly to say,
"Hey, stop, that's you laying there!"
You left your body unaware
It's no longer breathing air.

But don't worry, life's eternal.
It wasn't going to be here forever
We live infinite ones
It's the work of Our Creator.

Your body, you left today.
Now your spirit's to be judged.
In our soul there is a blueprint
Just by looking, it tells all.

Our Amorous Creator will judge
And evaluate you solemnly
He will reassign your birth date
And where you'll reincarnate eventually.

EXISTENCE

April 23, 2018

Once you exist, you always will.
Your life is eternal, won't die.
The spirit, soul and body
Conform that trio, your life.

The spirit is a unique entity
Its light is individually gained
In the infinite universe the knowledge
The Divine's Light, source to obtain.

The soul serves as an eternal archive
Where our lives' files are kept on shelves.
Our Divine Creator evaluates them
And knows how we handled ourselves.

We are distinguished by the physical body
The vehicle which our spirit conducts
Conducing it through good terrain
Depending on the commissions and faults.

One must learn to know oneself
To procure a better living
Many times our material ambitions
Undermine the light we are seeking.

FAVORS

April 30, 2018

When I do someone a favor
I assure to do it well
I must take from my time
I will do it to excel.

If I receive remuneration for it
A favor loses value and lucidity
But if I am paid with another favor
I will accept it with honor, sensitivity.

Favors reciprocated by others
Will make our friendship expand
It is sincere mutual help
That will always be on hand.

What is not seen as good behavior
After having done a thousand favors,
Some people do show up
Procuring deeds you didn't labor.

These people are so indignant
I'll remember them forever.
Eventually, they will return
I'll be courteous, but not render!

FIFTIETH ANNIVERSARY

(Chiten and Luz)

January 20, 2018

We are celebrating our 50th wedding anniversary
We docked our love-boat safely after navigating
Across life's immense sea of passions
Against strong winds and high tides
Let's celebrate with gestures and actions.

This lovely morning, our children and family members
Are witnessing the renewal of our wedding vows
Reminiscing our first wedding day, glorious,
Sunny, with a blue sky free from clouds
We enjoyed it, not being costly or pompous.

Everyone is a unique social individual
A distinction we must respect.
Life is all about sharing, cooperating,
Behaving, accepting and tolerating.
The only way to reach fifty and be celebrating.

This anniversary is very special.
Yes, there is a lot to celebrate!
Starting with a delicious breakfast, coffee,
The cutting of the traditional cake
And later in the evening grand karaoke.

FIFTY WHITE PEARLS

January 20, 2018

Let's kiss tenderly, my dear
After fifty long years together
Our compromise still stands
With our vows renewed forever.

Our children and family witnessed
The love that we both profess
Tears of joy rolled down our cheeks
Showing the love we possess.

These tears rapidly solidified
And in white pearls were transformed
Each one to symbolize a year
From the fifty we conformed.

These fifty white pearls
We have proudly cultivated
Serve us with profound satisfaction
Of our love just renovated.

To up for fifty more white pearls
Would be difficult for us to achieve
But every new pearl cultivated
Our calendar of love will receive.

FIVE STEPS

January 20, 2018

I have always loved you dear,
No matter in which circumstances
Once you give me the green light
I will start to step my chances.

First step, I'll start job searching
Thus, providing for all our needs.
Second step, I'll build our lovenest
And invite you to check in.

Third step, I'll propose marriage
Knowing we both care and share
We will announce a wedding date
Our love we'll both declare.

Fourth step, we'll talk about parenthood
After a prolonged happy honeymoon
An excellent family planned
Will be bringing children soon.

Fifth step, we will be ready for the future
Planning for our children's goals
Just like we did with our five steps
They will step five of their own.

Follow the Flow

People come and people go,
Where we go, we do not know.
That's the knowledge we all know
All we do is follow the flow.

We are born, then we'll die.
That's the truth, we can't deny.
Life is short, a brief ride.
So, I'll stop to wonder why.

FOUR BITCHES

May 20, 2018

I have and don't have four female dogs
Penny, Chuchi, Marly and Ozzi.
All are well trained when nature calls
Scratching the door when needed.

Penny is a brown long-haired Chihuahua
With a flashy tail, looks like a fox
Her owner is my daughter, Sophy Marie.
Since she works, Penny is home relaxed.

Marly is a Boston Terrier, black and white.
She goes crazy chasing green iguanas
Her owner, my granddaughter, Cristal Merlis.
When she goes out, the bitch goes bananas.

Chuchi's a brown brick canine, half Chihuahua
She keeps busy, vigilante of the savanna
A rope corridor she guards back-and-forth
Keeping our vegetable garden free from iguanas.

Osita Polaris is my other little dog
She's a Chihuahua with creamy coat
She looked like a polar bear when small
That's why her name is Ozzi for short.

Now it is known, I don't own four bitches
But my home is their freeway
These girls are so educated and playful
They keep me entertained, making my day!

FREE FROM FALLS

It is time to look above
To find out what you've been missing.
There is something in your life
That's in need of spiritual healing.

You will enter a new phase,
Where bad habits stop persisting.
It is time now to break free,
To procure a better living.

Thus, your life will be enlightened,
When you follow the Lord's calls.
He will make you well aware
Of a path that's free from falls.

Having Him close to your heart,
All His love you'll be receiving,
Having you, like He has others,
Paying attention to His teachings.

Friendship

Once a friend, always a friend,
That's the way it will always be.
Good times or bad times,
A constant friend indeed.

All the time shared
Has kept a strong bond.
Absent or present,
We have carried on.

Needless to say,
We've kept in touch,
Sharing opinions, ideas
And so much.

Still there is plenty
To do or to mend.
As life takes its course,
I am glad you're my friend.

Garbage

March 27, 2018

Is mankind only to blame
For the environmental contamination
Of our fragile Planet Earth?
Why do peaks, mountains, hills, valleys
Still endure disastrous situations?

The bottom line is, we aren't solely culpable
We were created unknowingly to contaminate.
We're the only creature that garbage generates.
Destiny is the irremediable culprit
It causes us to produce waste.

Contamination continues in rivers, lakes, deserts,
Seas, oceans, jungles, beaches, springs,
Arroyos and wherever humans have contacted.
There is also a technological corridor with
Debris that orbits like floats our planet.

It's urgent to resolve with a feasible project
There is more garbage than people on Earth
Recycling and orientation programs aren't enough.
We are head over heels in this mess.
Who can place the garbage crisis to rest?

GERRY'S BIRTHDAY

Your birthday is so close, so near.
It's on December 1st each year.
Let's celebrate your life, my dear.
No more fears or cries, just cheers.

You're by Mary's side, I hear,
Our Lord, Jesus' Mother María.
You always prayed to her,
She kept your life in gear.

I still hold the card you gave me
About The Memorare of St. Bernard.
It's a prayer to Virgin Mary
That I'll always keep on hand.

HAPPINESS IS ...
Oct. 1st, 2018

The wonderful, soft, tender feeling
Of the warmth of your blanket,
Sleeping by your side knowing
How much I'm really wanted.

Smelling the fragrance from your pillow
Your turned head has just left
And to cuddle once again
Embracing your amorous chest.

Waking up in the morning
Observing the new day,
Thanking God for the sunrise
As the rooster sings its way.

Beginning the new day
Laboring with much love
And returning in the evening
To the mantle of my dove.

HIS DIVINE PLAN

If I had a magic wand,
With three wishes to command,
I would give Our Lord a hand,
Freeing the world from diseases,
Wars and firearms.

I would ask Him for more wishes,
To keep with my helping hand,
Freeing the world from illicit drugs,
Corruption and street gangs.

I would do much more to help,
But the Lord has His Divine Plan.
Who am I to intervene?
He is the One whose in command.

Are we ready for His judgment?
Have we lived the common good?
We should really know these answers,
His Divine Plan will come soon.

HOPEFUL AVENUE

All ideals evolve
As well as all things in life.
They are long lasting phases
Followed by people through time.

They are profound sentiments
Of our daily routine,
Developing our personality
As we follow a doctrine.

There are the so called
Suicidal fanatics, radicals
With their brains washed,
For nothing they lose their vitals.

Fanatism is really dangerous,
In any discipline, level or stage
Injustices are usually committed
Placing the game out of range.

The key is to live with moderation
To enjoy life with moral values
Looking for the simple things among us
Thus, obtaining a hopeful avenue.

How Important Is ...

May 13, 2018

A grain of sand in the desert
A drop of water in the immense ocean
A lost needle in a haystack
A pale zombie in motion.

The grain of sand and waterdrop conform
Parts of a whole formation
Both units of importance
Which make up the full equation.

Neither the lost needle or zombie
Are part of a sum.
Since they are of no importance
Spending time on them would be dumb.

There is always a purpose in life
All we need are the resolutions
The simple ways we contribute
Will bring about the solutions.

Consider yourself an important part
Like the grain of sand or waterdrop
No matter the little you are or do
Continue to do it, don't stop!

I'm a Poet

November 16th, 2017

I am a bilingual poet
I write Spanish and English
My themes are of general interest
From my work you'll never relinquish.

My poems average five stanzas
Each one with four or five verses
Languages with simple vocabulary
Easy when each one addresses.

I write for public diversion
A feeling of immense measure
When the muse brushes my skin
The body delights with pleasure.

Translating from Spanish to English
Or even from English to Spanish
I conserve the message and essence
My first rule to translate established.

I'm skilled translating instantly
The contents must always be prime
The rhyme is of utmost importance
Without it a novel poem you can't write.

ILIA

Wednesday, August 14th, 2013, you left
To live in new quarters, in our Lord's Home.
Ever since, I have missed you,
My heart within tells me so.

Your departure is like a dream,
But it is a heartfelt reality
When I pass your house, I imagine
Seeing you sitting there quietly.

You adopted me as your dear brother.
Today, I want to celebrate your lived plan,
Reminiscing the family bond
And your friendship with sincere charm.

In this poem, I want your virtues excelled.
You were a faithful wife, teacher, friend,
Housewife and an exceptional grandmother.
Your mission continues spiritually, never ends.

Today not many men and women
Embark in the ideal family values.
Family was your first, the rest could wait.
That was your compromise, legacy to emulate.

Ilia, smile, dear sister, One day we will meet again.
We'll celebrate our glorious encounter
Walking paths on God's Terrain.

INDIFFERENT LOVE

You say that you don't love me.
It's a constant lie, you'd die
You are always talking about me.
A red flag, I'm still in your life.

You want to know about me, Wednesdays,
Mondays and also on Thursdays.
You hide and spy on me Tuesdays and Fridays.
I am aware of your playful ways.

You cross my path every day.
Your crossings are too frequent.
You still insist, you don't love me.
Why are you in my route every weekend?

I have learned from good sources
That you have crashed into walls.
With reality, you must focus,
Your indifference must come to a call.

It's time you stand on firm ground
To decide if you truly love me.
The show you are putting on,
Is not dispraise, you want me!

INHOSPITABLE WAREHOUSE
July 9th, 2018

My comments to seniors like me
Concern our struggles each day
We fight very hard all the way
Now a new battle is coming with age.

Life being brief, like the breeze
We are born and start to unfold
Yesterday, we were cute babies
Today, we are elderly folks.

We are committed into a warehouse
To live the merciless, irreverent solitude.
Where there's hardly any time to socialize.
And visits soon stop seeing you.

Family visits gradually become null
Forgotten we will finally end
Their visits will be time limited
With excuses, they will present.

The rich people, like the poor
Will not escape and must conform
The inhospitable warehouse awaits
For them to call it their home.

Rampant multiple illnesses appear
Starting to spread to cause harm
We begin with the frequent falls
And bedridden become the far gone.

It has been frequently rumored
Of an institutional malpractice
Administering pills to keep patients numb
Thus, to control a serene ambience.

Death makes rounds seven twenty-four
It's always checking door to door.
Who is it coming now for?
The only way to leave this place that's abhorred.

It's Love When ...
April 14, 2018

You caress me
Your passion's on time
You know I am prime
Your heart is terribly mine!

I caress you
I feel your passion
We hold our hands
I see your reaction!

We continue caressing
Both are burning in passion
Embraced in a kiss
I see you in action!

All I think is about you.
I try hard to contact you.
It hurts to go without you.
I wake up, by my side, I find you.

JULIAN
April 18, 2018

Our first great grandson was born
On October eighteenth, twenty sixteenth
Named Julian Antonio Padilla Santiago
In the city of Mayagüez.

He weighed five pounds fifteen
Today, he's a beautiful baby
Giggling and smiling with everybody
As he moves his arms and feet.

Coral, his mother, caresses him
Her breast she gave him at birth.
Julian, now like a little lion cub
Is anxiously feeding himself.

He is seven months, three days
Everybody wants to hold him
He offers his tummy and arms
Aware someone will take him.

Drinking and eating, no problem
A great pleasure to watch over him.
Then he sleeps a long siesta
Now Mom can rest without him.

God Bless you, sweet little one
Grandparents you've captivated as well
They carry you up and down
All you do is perfectly swell.

Luz and I are great grandparents
Delighted watching our first grow
Julian with his smiling daily routine
Is constantly stealing the show.

LEARNING TO LIVE

Life has never been easy,
When it really should be.
Every day a constant challenge,
Like climbing a tall tree.

At birth, we are all vulnerable.
We depend on mother's care,
During our teens we become rebellious,
And at times, war we declare.

We'll achieve as time progresses,
All the knowledge and the skills,
Reaching goals on the horizon,
Which we're ready to fulfill.

Every day a constant struggle,
Working up at a rapid pace,
Never thinking for a moment,
How we're harmed in such a race.

When that race comes to a halt,
Once an illness is diagnosed,
Our minds become enlightened,
We pray for Our Lord to be close.

At this time, we think of changes,
Thinking of all that we've missed.
Will time now be friend or foe
Or will Our Lord call us in?

Moderation in our actions,
This will really do the trick.
Otherwise it won't be prudent,
Making our lives very sick.

LIFE, HEART AND SOUL

Anyone can write a poem
And indeed, look very nice.
He can dedicate it to his lover
Or his home devoted wife.

In those frequent intimacies
Nobody can interfere or referee.
I can assure, if you get involved,
Your face just might be punched in.

It's better to be an observer,
In the event something happens.
A secret can't be sealed forever,
Anytime, it can be open.

Write verses of love with tenderness.
Dedicate them to your faithful beloved spouse.
She's the one who really loves, admires,
Cares for you and is always in the house.

A poem written to your spouse
With your life, heart and soul,
Will keep both united
On a day by day passionate role.

LIVE TO LOVE

March 6, 2018

You don't have to be religious
To invoke the presence of Our Lord
He is our Divine Father
Who created us with love.

How did He do it?
With His Knowledge and Law.
We are all brothers and sisters
being inclusive, that's all.

Love is His Only Law
That reigns all His Creation.
Our planet Earth is no exception
Here His Law's in contemplation.

To live and love everything around us
Fills our hearts with satisfaction
And having Our Lord always present,
Love's in full gear and traction.

Anyone in need of love
Let's welcome and hand a hand
With heartfelt fraternal love
Our love's in full command.

LOOK AT THE PRETTY GIRL!

April 26, 2018

Look at the pretty girl,
Pretty from head to toe.
I want to meet her so,
I want to love her so.

An eye she winked at me.
I sure would like to know
What can it really mean?
I want to love her so.

The way she walks
The way she moves
She could put up a show
With shoulders, hips and toes.

I'm going nuts, you know.
Look at the way she goes
With shoulders, hips and toes.
I'm going to love her so.

As my next-door neighbor
I just can't have her, no.
Look how she moves and goes
She could make me lose control.

She has a gift for me,
That I will soon receive
The moment she comes in
I'll be waiting for it.

She just became my girl
I just became her boy
We're so much in love!
We're a bundle of joy!

We just got married
She is my wife, you know
We're celebrating now
Honeymoon as planned will go.

Look at the pretty dawn,
Pretty for you and me
It's our honeymoon!
Lovely the day will be.

LOVEBUG FEVER

April 17, 2018

It's an overwhelming feeling
Something is happening to me.
I don't know what it could be
I feel my heart's joyful beat.

I am inexplicably asking about you.
I am always trying to see you.
You appear in my thoughts constantly.
I cross your path just to greet you.

You were walking one late afternoon
I couldn't keep my eyes away from you.
Your walk and smile perturbed me.
There must be something about you.

I don't even know your name
Still I want you at close range.
I have been wild and irresponsible before
But this time, I have totally changed.

I was told the lovebug recently stung me
Symptoms start with a loving sensation.
The illness becomes an extreme obsession
Unfolding into a committed loving relation.

What I feel is due to lovebug fever.
I just got your address and phone.
Your name I can easily remember
It is Love, Passion and Storm!

LOVING NATURE

March 2, 2018

Dedicated to my brother Ángel F. Santiago Matos

I retired gracefully, happily
Escaped from the city's rat race
And very pleased ever since
Doing things at my own pace.

I don't need a cellphone
It would constantly bother me
Only nature's beautiful wonders
Now inspire and amaze me.

I often spend my leisure time
By a nearby long, wide creek
Where flora and fauna abound
As far as I can see.

I sit comfortably on a hammock
Being caressed by the fresh breeze
Inviting me to count sheep
And to capture a few Z's.

If I don't take a needed siesta
I'll be meticulously observing
The fauna on bushes and trees
Where colorful birds fly, nest and sing.

The elusive one-ounce bird "San Pedrito"
With colorful plumage, white, yellow, red, and green
Will make its unusual debut
With patience, I'll be delighted to see.

When it rains, rushing waters serpentines
Days go by, the sediment settles in.
The creek's water becomes crystal clear
What a sight, the animals bathing in!

MARRIAGE

What's expected in a marriage?
To be faithful with their love.
That the spouses hold good jobs
And have a home of their own.

These ingredients bond the couple,
But it's hard to cope while young.
Good values and education are needed
For the marriage to be strong.

While they're young, job search goes on.
Once they get them, saving starts to buy a home.
In short time an approved loan,
The dreamed home is now their own.

They are now in their late twenties,
Full of love they settle in.
Looking forward for a bright future,
Newlyweds now make a loving team.

Being faithful is the key
To keep the marriage bond strong.
With the Lord's blessings in their hearts,
Their commitment won't go wrong.

Mary Isabelle

January 28, 2018

I know your name is Mary Isabelle
A female I want to know very well.
I dream about you again and again.
I don't know if you exist, Mary Isabelle.

About your existence, I will get to know
I'm looking forward, someday you will show
Once you're present, crazy I will go.
I won't waste my time, I will love you so.

No one has seen you, my Mary Isabelle.
I only imagine how you should look then
Light green eyes, with smooth, tanned skin
Lucid black hair flawlessly trimmed.

I'm sure, we will meet.
I don't know when it will be.
You will come zeroing in.
I presume soon, we'll see.

With your presence, ready I'll be
An amorous kiss from me, you'll receive
We'll get married by a Justice of the Peace
Our honeymoon will start to kick in.

MONA ISLAND

Amona, you were named by the Taino Indians.
I visited you on so many trips.
Captain David Rodríguez was the ship's navigator
He always had a crew that all pleased.

I was fascinated by my first experience.
I asked many questions about you,
The captain's expertise islandwide
Answered all the questions he knew.

I still remember my maiden voyage.
It was an invitation from friend David.
I bought food and the items to subsist.
Borrowed the camping tent, I would need.

The prow of the Janice Deluel charged
The dangerous, high towering waves
Plowed, ducked wave after wave
Crossing the Mona Channel with elegant grace.

On the horizon an atoll was spotted
It showed on and off wave after wave
It was Mona Island bobbing its facade!
Going up and down wave after wave.

Nearing the Island's coastal reef
Colonies of birds were roosting peacefully.
There were others airborne gliding majestically
Showing their flying skills gracefully.

With the flora and fauna, I became embellished
The autochthonous iguana's presence I met
I was unaware putting up the camping tent
It scared my wits the big incoming pet!

The hermit crab is prolific in nature
Its trail prints are seen all over the sand.
A hard shell protects its internal organs,
How can it carry such a load on its back?

During the day we visited caves and caverns
With a brief stop at Uveros Sector for resting
Then continued to the ancient lighthouse
Where the old cistern facilitated our bathing.

I didn't see a goat or a wild boar
During hunting season, they are both seen.
Their meat is delicious, completely lean
The day that I'm offered, I'll eat like a king.

At night camp, table games, drinking, singing
Stories to hear, narrate and jokes are done,
It has been so long; it's time to return
To dream, reminisce, enjoy all that fun!

MY GOLDEN MUÑEQUITA

January 17, 2018

Dedicated to Moraima Figueroa López from the Home Cristal of Dawn, Cabo Rojo

In the Home Crystal of Dawn
I met a dame "muy bonita".
She has sparkling eyes
And a heavenly "sonrisa".

Everybody knows her name
Everyone calls her Morita.
She complains of backaches
That's why she's in her "camita".

Never leave the door open
She will escape "enseguida"
Then we'll have to ask ourselves
Where is our dear "mamita"?

She converses with everybody
She's always "tranquilita"
When it is time to eat
She's the first in the "filita".

You are loved by everyone.
You are a good "amiguita".
Receive from us many blessings
And Our Divine Lord "te bendiga".

I am an author, songwriter.
I consider you "familia".
I will visit you frequently.
You're my golden "muñequita"!

MY TIME

Dedicated to Jorge L. Ramírez de Arellano

You must make your time
To bring about a great smile.
Your life is withering fast
By running that extra mile.

Working can't be everything,
Leisure must be on hand.
You must also take your rest,
When your body rest demands.

Visit your loved ones.
Don't postpone family ties.
Excuses are the mother
Of the so called many lies.

You'll receive a warm welcome
When you visit ill family members.
If you let your time go by,
You might just find empty chambers.

You have so much to do,
But your time is so limited.
Plan your time a better way
And with your family live it.

Live your life with moderation,
In a serene and tranquil way.
It will help you to find,
The time you need every day.

New Loves

April 6, 2018

I couldn't make it, my love
I was so deeply involved
Destiny played a crucial role
It chose for me a new love.

I'm sorry I didn't answer your call
It was better not picking the phone
I didn't want you to feel compromised
Our last date was final, my love.

You also deserve a new love
Being pleased answering your call
Your love is profound and sincere
Someone for you will stand tall.

If we cross our paths someday
It would be wise for both to say
That the new loves destiny chose
Were the best from the first day.

ON TIME
May 1, 2018

I don't know why
You said good-bye
I was looking forward
To make you mine.

Now that you're gone
I can't deny
I miss you so
Each day and night.

And day by day
Time passes by.
My aching heart,
It's about to cry.

It has been long
I think I'll die
I'm so depressed
That is no lie.

I took a hint
As you passed by
You winked an eye
Our time is ripe.

With your return
We're still on time
With all our love
The knot we'll tie.

PERFECT HARMONY

Where were we before being born?
What if there is no life after death?
Who knows how long we'll be here?
Why the worry, my dear friend?

If there's life, we'll look ahead.
The wrongdoings we will mend.
Here we'll wait with good time spent.
If there is life, we'll be content.

PERSEVERANCE

May 1, 2018

Nothing is easy in life
Everything is very hard
It's a constant struggle
From the very, very start.

The goals you want to achieve
You must really focus on
No matter how hard they are
The fight must really go on.

It usually happens at home
You don't get the expected support
Surprisingly outsiders come
With help of some sort.

At times a blessing
Or a friendly hand
Will push the limit
So, you can firmly stand.

There's always a god-send
Supporting your way
Your perseverance paid off
And it resulted in gain.

PLANNING TO RETIRE?

April 16, 2018

Are you planning to retire?
Guess who is waiting for you?
She's your spouse with house chores
Some of them for you to do.

If she's not a nagging wife
And you're not a couch potato at home
All the house chores she did by herself
Will be negotiated and done.

There are some chores done daily
Others weekly, some come in months
You must get organized to do them
With responsible mutual accords.

All in the world just can't be work
Go out to shop, party and dine
Take time to visit the family and infirm
Traveling and vacationing must be prime.

To retire is to live in peace
Without work responsibilities outside
Working with your spouse as convened
Being both home bosses with pride.

Privileges

April 27, 2018

Dedicated to my friend Didier Husson

Beginning the aging process
We start to recognize
The privileges that we have
Dwindle as time passes by.

We have entered a new phase
Driving is a daily challenge
Someone came up and said,
"Your car has taken such damage."

We drive at a very slow pace
Desperate drivers honking horns
The noise hurting our eardrums
We forget once we were young.

Getting older is also a problem
Personal loans aren't approved
Having no credit for a new car
The old jalopy will do.

Health plans disturbing our peace.
Which one is best? Needs to be seen.
A battlefield until it is convened
To which one we finally gave in.

I could go on with my predicament
I think these examples are just enough
Just be alert and keep it together
As time passes, conditions get rough.

PUZZLE

We live on this enigmatic planet Earth.
I consider it a tremendous puzzle.
Everyone is a piece of its component.
Pieces very difficult to fit, once shuffled.

The world is also a complicated labyrinth.
We commence the passageways' entry,
Finding the exit is complex and illusive.
Many paths taken are dangerous and tricky.

Life is really very hard.
We learned from experience well,
That we must love each other, work,
To break free from this bad spell.

It's imperative to help one another,
Driving humanity to move forward,
Reaching goals, being rewarded
And not feeling a bit awkward.

RADICAL CHANGES

April 12, 2018

In this complex and mysterious world
Nobody has the truth
Those that claim they were favored
Were deceived, fanatics that believe
They are gods that will save you.

We are in need of radical changes
To eliminate the historical prostitution
Which is still very active today
Pedophilia, human and organ trafficking,
A disgrace, with money laundering at play.

High level of white-collar corruption everywhere
Worldwide political unrest, religious extremism
Have caused deaths and divisions
While their leaders live in opulence
With limos, yachts, mansions and commissions.

We have so many social problems
Crime, illicit drugs and what not
And the many injustices committed
We just can't continue lamenting.
Oh Lord, we want all these issues stopped!

What can we do with so much immorality?
Being people of faith, not pessimists
Oh Lord, give us the correct tools
To access the needed radical changes
We live with hope, we're not fools.

REFLECTION

Before opening your foul mouths,
Thus, ruining your characters forever,
Reason, exercise your minds
And have your words well measured.

The wrong that's being said,
Comes deep from within.
Seeing your inner faults in others,
Thus, making yourself feel supreme.

This usually happens a lot
To those with extended tongues.
They don't think about consequences,
Living their lives on the run.

I have to repeat again,
Before opening your foul mouths,
Words should be well measured,
Thus, avoiding embarrassment and kick out.

REINCARNATION

May 6, 2018

A light fades away
Till it disappears
Brightly it regresses
Reincarnated, I hear.

A vibrant spiritual light
The spirit now has a new name
After having reincarnated
On this earthly plane.

A newborn, the new body
Male or female, could be
The sex is only determined
By the mission the spirit received.

Each past life was filed
With its livelihoods in a document.
It's a blueprint in every soul
For our Creator's Judgment.

He will evaluate them solemnly
And will assign every spirit a mission,
Place, time and date to reincarnate
According to His Law and Discretion.

RESPIRATION

This theme I'm bringing you,
It's a very delicate one.
It deals with our breathing,
An essential for everyone.

The asphyxiating asthma condition,
That affects so many people,
When an episode comes so sudden,
That person feels like if crippled.

In assisting such a patient,
Everyone should be alert.
Short of breath could only mean,
Your life is in imminent death.

No one knows when it attacks,
All you do is sit and watch.
It's like a ball that was thrown
Unexpected that you catch.

Being constantly fatigued
And the insufficient breathing,
It's not quality of life,
Medical bills we keep receiving.

The constant nasal allergy
Distorts our way of living.
When one least expects it,
Our nose begins its dripping.

All our pulmonary ailments
And the dreadful nasal congestion,
We must quickly medicate,
Having our airways pass inspection.

I'm a sleep apnea patient.
I have panicked and been scared.
That's why I cope with this issue,
Showing you, we all must care.

RETROSPECTION

April 8, 2018

There is a time in our lives
When we start to retrospect
About past decisions made
Versus alternatives we didn't select.

We can only speculate
And we start to fantasize.
Were my choices then correct
Or should I've chosen otherwise?

We continue to brainstorm
Oh, how different the turn out!
But destiny played the upper hand
Choosing what we know now.

To retrospect is like a dream
Pretty soon it fades away
In no time we have regressed
And those thoughts, we won't display.

The future is now our calling
Focusing on concrete goals instead
Knowing destiny plays a major role
Let's see what comes up ahead.

RIGHT ALL THE WAY

Oct. 7, 2003

Through my living experiences,
Many endeavors were done,
Making life easy for others
While my efforts weren't fun.

I will not mention
All those deeds.
No hurt feelings
Here to keep.

I had to do the dirty work,
While my critics condemned,
One man's struggle till the end,
But to them, not much concern.

I will not mention all those people,
Putting an end to this painful sequel.
I lived moments that turned severe
With time to resolve, not conceal.

All the fruits later revealed
I was right with my ordeals.
God's blessings I received,
All that Grace, sufferings healed.

I felt sorry for the folks
That in the process got hurt,
But to remain passive and idled,
Never entered my dear thought.

SAYINGS

I have always heard
During my entire life,
Three common sayings
Expressed by the people.

The stone meant for that dog,
Will always reach its target.
No matter where he hides,
There is no question about it.

This means that destiny,
Oversees your life
And no matter what you do,
Destiny you can't defy.

Give people to eat from the wing
So, you can eat from the breast.
This is an opportunist's move
To get from someone the best.

Tell me who you are with
And I'll tell you who you are.
This is talking about friendship
And how people judge your acts.

The friends you are with
Make your composition,
If your choices were wrong,
That could mean total perdition.

SINGLE MOTHER

May 17, 2018

God Bless you, dear mother,
For permitting my birth
It is difficult nowadays
To rear a child alone on Earth.

I am your responsibility
Until I can understand
The sacrifices you're making
Working as hard as you can.

I am now an adolescent,
You have educated me well.
I will enroll in college
You'll feel very proud yourself.

I am following a secure path
With good friends ahead.
That's why in our livelihoods
There's nothing here to regret.

As soon as I complete my studies,
I'll be separating from you.
Working hard to reward you
And independently, progress too.

Thank you, dear loving mother,
For guiding me with love, rectitude
Through infancy, adolescence and youth.
Today, I'm a proud parent filled with virtue.

SIX KISSES

January 23, 2018

I'm as stoned as one can be
You know it's not from liquor
It is due to six kisses
That inebriated me with amour.

The first kiss was so tender,
The second so well performed.
We held our hands tight together
Our loving illusion was born.

The third kiss was so passionate
I procured the fourth and fifth.
I got so intoxicated
I couldn't remember the sixth.

These daring six kisses, my love,
Made me really understand
There is no need for alcohol
To keep our intimacy strong.

Actually, I'm still inebriated.
I can sense, you are as well.
Since it's not due to liquor
Six kisses, our love story will tell.

SO, WHAT?

The macho man from the past,
Isn't the one like today's,
When he looks for a mate,
Another could come his way.

It also happens with women.
It seems this issue is in fashion.
Women frequently date each other,
They are out open with their passion.

This type of homosexual behavior,
Has existed throughout world's history.
They have been persecuted and discriminated.
Today, they are fighting with dignity.

This issue is taking the world by storm.
We must adapt with radical changes.
As time passes, it's irrelevant conduct.
The sign has been there throughout the ages.

We all have family members,
That feel this kind of love.
We try keeping it hidden,
But their love is out to come.

Once all is known, why fight it?
We must approve the right resolutions,
Giving them all their rights
So, they can live with solutions.

Many injustices have been committed
To the LGBT community.
They still have a long way to go,
Establishing full rights for unity.

Everything evolves in life.
Yesterday's truth, today, so, what?
Being inclusive is to enjoy our present.
Thus, securing a future socially smart.

SOLITUDE

April 28, 2018

I have been lonely for some time
You have been lonely as well.
Don't deny you want me
Your heart is willing to tell.

Solitude signifies sadness
A miserable way to live
It only brings despair
And suicidal thoughts to keep.

It's best to play good music,
Smile and sing to feel right.
Dine, drink as you wish
And tickle each other at night.

Don't discard solitude completely
It could even be beneficial
You will relax while meditating
Later making your reconciliation official.

Don't make solitude your routine
You might even go berserk
Having only a one-way ticket
And no other to regress.

Special Invitation

January 14, 2018

On a hot cloudy, macabre day
To a wake I was courteously invited.
I acceded respectfully right away
Dressed appropriately as expected
As soon as the sun sets in the evening
At that place, I made myself present.

A sepulchral silence dominates the atmosphere
In front of the funeral home
People were starting to gather
Suddenly, a brief shower made them run
Stampeding almost knocking me further.

Once in, I observed a row of chairs
On which the sad mourners were seated.
They didn't talk or greet me, such indifference!
I said to myself, "This is not what I expected."

I proceeded and entered the cafeteria
Many vociferous people, eating and drinking.
I wasn't in an appetizing mood
They continued their dispute.
Will the body be cremated or interred?
It was the day's controversy, I assumed.

I entered the very cold, lugubrious chapel
Where there were beautiful flower arrangements
Looking like made by handicraftsmen
To my right and left, there were no empty chairs
Another few steps, I stood in front of the coffin,
Oh!... my eyes became deorbited!

My photograph was on display.
What a terrible dream, a horrible nightmare!
I jumped out of my bed
Thinking it was the cold grave
I towel dried the sweat transpired.
Right away, I showered lightly, dressed
And walked outside to greet the new day.

SUCH IS LIFE

I have been looking, investigating,
Navigating and fishing through life,
To find out what's life about,
But really nothing has turned out.

Some people say, "Don't worry,
Just enjoy it, let it ride."
It all turns to be a vicious cycle,
Without true answers to abide.

But I must keep on researching,
There must be a purpose, right?
Why can't we get the straight answers
Or is there something to hide?

I'll continue with my research,
Till the very day, I die.
Maybe I'll find my questions' answers
When I reach the other side.

SUNDAY

It is late Saturday night in Puerto Rico.
While some people sleep, others yawn.
Close by, owls orchestrate their song
As they celebrate the new dawn.

They continue their melody till daybreak.
Roosters are heard wings flapping,
Singing, welcoming the new day.
It's another Island's awakening.

The first solar ray engulfs the shadows
Of peaks, hills and mountains.
The sun's disk slowly appears on the horizon.
It gradually starts to light up the dark savannas.

The dense fog disappears like magic.
Dew is observed on the fresh flora
Where the coqui frog enjoys every morning.
Humidity is welcomed by the toad and lizard.

My Chihuahua, Ozzi, long stretches
Once out of her comfortable bedding.
She strongly shakes ears and wags tail
And over my legs, starts jumping.

She rushes towards the door, barks
Waiting for it to be opened
So, that she can freely run the lawn,
Knowing her routine in the open.

It's a new dawn, a new day
Which our Lord granted us to cope,
Sunday of worship in family union
Filled with love and renewed hope.

THE GRAND FIESTA!

April 11, 2018

The day that I have to go
I want a tremendous grand party
Like the ones I host for family
And my welcomed friends only
Celebrated at home in the country.

There's to be no time for sadness.
I want no one bursting into tears, crying.
Beautiful romantic music must be played.
People will stop weeping and grieving
Enjoying the ambience, dancing, singing.

This grand fiesta, I won't miss for nada.
My spirit will be definitely present.
I will be in a juvilant mood,
Walking, passing and sitting beside you,
Listening to our stories of childhood.

It is a good thing to have knowledge
It's rumored that there's more than one life
That it goes on, not ending here.
That once our dress renders useless
Reincarnation will naturally appear.

So, then let's continue this grand fiesta!
Being life as now rumored, fascinating.
It's absolutely something to celebrate.
Living more lives by reincarnating!
Many fiestas we'll be celebrating!

THE KEYS

Where are the keys?
My father just had them.
He came from the driveway,
Entered the house and lost them.

Those keys are from the house,
Auto and the gasoline cap.
He doesn't have duplicates,
So, spares he can't grab.

He walked the trail from
The driveway to the front door.
I felt so sorry for him,
He seemed to drop to the floor.

He took a bath right away.
Rechecked the pants he released.
He noticed nothing bulky on them
To show him a sign of relief.

He looked on top of the fridge,
The countertop and the sofa.
Picked up the three sofa cushions
And turned all he could over.

Once he is tired from searching,
He took a break to relax.
He gave his mind a workout
To continue the search and react.

I saw him worried and desperate,
I indicated where keys are kept.
Right away he was all smiles,
That's where he had placed the set.

Remember my dear readers,
Losing keys is always an issue.
So, have your spares secured,
Avoid spending money on tissues.

I frequently see many people
Under the merciless hot sun,
Working their car windows to access it.
I assure you, it's not fun!

THE OLD CLOCK

April 13, 2018

Tick-tock, tick-tock
Sounds of the old clock
Sixty seconds to the minute
Sixty minutes to the hour
Tick-tock, tick-tock
The second, the minute, the hour.

Twenty-four hours to the day
Seven days make the week
Four weeks for a month
Tick-tock, tick-tock
The day, the week, the month
The clock's gear is going strong.

Tick-tock, tick-tock
Twelve months to the year
Ten years make a decade
One hundred years a century
The year, the decade, the century
And the old clock has disintegrated!

THE RAW TRUTH

April 2, 2018

Father, Creator of the infinite universe
I hold no proof this to be true
But I have to invoke You
There's no one else to turn to.

Humanity needs to know the raw truth
Governments like religions have failed
Both institutions think in leadership,
Finances, membership and means to prevail.

They have convened in separate powers
One being religion, the other the state.
Not intervening with their counterparts
Thus, having nothing to investigate.

If you research how religions came to stand
You'll immediately find blood on their hands
In the name of the Supreme Creator
Barbaric injustices were committed, planned.

Governments are not much different
Their history will also reveal
The vicious crimes committed through time
To stay in power and keep corruption concealed.

By having knowledge of the raw truth
Wrongdoings will absolutely have closure
Thus, making our planet safer to live
And humanity sharing fraternal exposure.

THE SUMMIT

Life is short and we all know it.
Let's take time to fully enjoy it.
Don't look back, the past, ignore it.
Just climb high to reach the summit.

How much time we have for living?
Healthy or not, we might die dreaming.
Death our dreams then will be keeping.
Let's do it all before it comes creeping.

Once the summit we have reached,
Is it time to take the plunge?
Are our goals right now fulfilled?
Is there more time for us all?

Those three questions go unanswered.
No one knows what comes thereafter.
Let's be ready for The Master,
For all questions, He's the answer.

TIME HEALS

Time heals all kinds of painful wounds.
Long term, short term, time reveals,
Those wounds are part of growing up
As we grow, time, wounds will heal.

Most of our passed wounds have healed.
Priority will be given to the ones concealed.
Targeting to confront them will be ideal.
We become happy if the cure is real.

Becoming positive with our aching heart,
Heartfelt pain would rapidly stop.
Thus, enjoying with others a new start,
Coming from the bottom to the top.

Time heals, as it looks into our faces.
We say time flies, but it really passes.
During our golden years, old aches, it treats.
Time, the doctor that cures all the masses.

TOGETHER

In memory of Rosa Cardona and son Néstor Chávez

Through my window I saw the reflection
Of a beautiful full moon.
Next to it, I saw a bright star.
That star, Aunt Rosa, making room.

Rosa is Nestor's mother
Desperately waits for him
An Angel would take him to her
They will bond in a perfect team.

Mother and son are now united
Enjoying enduring peace
With so much love among them
They'll journey the heavens, pleased.

TOLERANCE

March 1, 2018

We need to tolerate each other
If we wish to live in partnership
Each one is a unique human being
That lives and thinks differently.

The constant nagging is irritating
Causing despair and resentment
Trying to change someone's ego
It is not prudent or recommended.

It is plausible to reach accords
To enjoy life amorously
And not advisable to manipulate
Your loved companion entirely.

Tolerance is to live in harmony
Living our lives together in peace
Even with all the individual differences
We'd live our shared union at ease.

We are like vessels adrift on high seas
Looking for a secure port to dock
Navigating with tolerance many nautical miles
We'll make our shared union solid rock.

TRUE FRIENDS

Dedicated to my pen pal Harry Sperling

True friends are always dear friends,
In good times and during crisis.
Vigilantes or as guardian angels,
They'll show up without one asking.

Just by knowing your dear friends,
We will know your composition.
They make up a part of you.
Your known friends were your decision.

Since your choices were the best,
Growing up you have excelled
And your friends will do as well,
By their choices, one can tell.

UFO

There is a world cover-up
To keep the public from knowing
About extraterrestrial existence,
But the information is forthcoming.

All that we know as established,
Will immediately be discredited.
Once the truth comes out,
All our world will be contested.

Keeping the public ignorant once,
Served its purpose in time.
Now technology has grown so fast,
People's research for knowledge is prime.

Our beliefs will eventually disappear.
They kept us in chaos and confusion.
Our world's history will be rewritten
Due to the new universal revolution.

This open window to the universe
Will bring unprecedented progress.
We'll know the moon is not made of cheese
And with peace and love, a new congress.

This issue is like the fruit from the tree,
Once it becomes ripened, it falls.
This phenomenon is long overdue,
It's ready to mingle with all.

WHAT A MENTOR!

What an irony, life brings us!
A school peer, we grew together,
He is my best friend today.
I once thought would be a loser.

I had to thank him today
For his past personality.
Even with such a harsh scenario,
I managed to cope with sanity.

His school assistance was poor,
Many times, he jumped the fence,
Avoiding the main entrance,
So, he could cut some classes, then.

Those issues turned to suspensions.
I focused staying in school.
Due to his terrible demise,
I learned not to be a fool.

From jobs, he was being fired.
Immediately I became punctual.
Being responsible and forthcoming,
Producing more than the usual.

His opinions were absurd.
They usually didn't make sense.
I researched and gave my views
And my solutions were the best.

He had a fast roving eye.
He left a child everywhere.
I saw myself in that picture,
Becoming a man well aware.

Life is just full of surprises,
Which nobody can explain.
Being him my opposite pole
He strived, resolved and gained.

WHAT A SUITCASE!

January 29, 2018

Let me appraise the big suitcase under the bed.
Please pull it out for further inspection.
It looks strong and nicely cushioned
To borrow it, is my intention.

Wow! This lady has been traveling heavy!
I was terribly wrong with my appreciation.
Over twenty trips back-and-forth to New York
I can see she needs immediate reparation.

She looks deteriorated and badly damaged.
She also traveled ten times to Alabama.
She wasn't handled well in Alaska.
She was pushed, pulled and tossed in Louisiana.

Her locks don't function properly
The black zipper is detached and torn.
She has four ugly stains on one side
A light crack makes her look so deformed.

Oh, poor, forgotten useless valise!
You've been used like a whore.
I don't know why you haven't been trashed.
I would have done it, for sure.

WHAT'S JUST

April 18, 2018

People that do things with love
Are the people I want to meet.
Together we will find justice
Serving the ones justice need.

They will always have our trust
Friendship, love and full respect
Rights of equality come first
Rightness is what to expect.

There is nothing like what's just
To live fraternally and grow
Developing our personalities
Becoming lawful citizens, our goal.

We'll serve as mentors
Helping to acquit desperate souls
Whom without committing faults
Were wrongfully accused by the law.

Caring we create the ambience
Showing others always to love.
Invoking Our Creator's presence
Being blessed, we'll start to resolve.

WHITE PEARL COLLAR

April 10, 2018

When I write a poem
I take time to polish it
Converting it into a gem
Then, White Pearl, naming it.

One White Pearl, next to another
And a few white pearls more
Will produce a white pearl collar
That I'll gift you to adore.

You will dress in a black dress
Your short hair will be in fashion
The white pearl collar I assembled
You will wear with satisfaction.

The white pearl collar you received
Makes me proud of what I did,
It symbolizes the compromise
You and I pledged to keep!

WHO'S TO BLAME?

"Let them have some of their own medicine,"
It's an expression worldly known.
The directive a merciless death wish,
Rolling, crushing, trashing, as if thrown.

Give them hell, who really cares?
Their prescription did me wrong.
While I suffered with my illness,
They're outdoors just having fun.

Take it easy and relax,
You might need more of their treatment.
Your diagnosis rendered poorly,
You need stand to your commitment.

Medicine prescribed for one,
Might not be proper for others.
If you followed on your own,
Why blame them or blame another?

WHOSE TIME IS UP?

When someone dies, we pray Our Lord
To have mercy and save the soul.
Then comes the wake to pay respects,
By family, neighbors and even foes.

Family photos are usually displayed,
For all to observe and reminisce
The time lived with the deceased,
That makes the loss begin to ease.

It takes time for pain to heal.
Open wounds stitches will seal,
But heartfelt pain remains concealed,
Only the sufferers know it's real.

It is time for last good byes.
Will the body be interred
Or will it be cremated?
The next of kin has the last word.

Our lives are short, we all agree.
When the wind blows, we feel the breeze,
But when it stops, we feel hot heat.
Whose time is up, to leave the scene?

WITHERING FLOWERS

March 4, 2018

The years go by, I'm getting old.
My body is tired and weak.
I'd love to have firm skin
Reverse rejuvenation, could be
Making me feel in my teens.

Running, jumping, walking and bending
I would do without a pretext.
Now, I must think to the fact
How difficult it is to do them
So, I just take leisure to relax.

I work at a slow-moving pace
Not rushing, only knowing I'll get there
Whoever wants to see me sooner
I'll be waiting well aware
With plenty of time to spare.

Health issues are always
Keeping me in constant vigil.
I have fallen many times,
From those falls no regrets
Just a few cuts and bruises.

Every illness has a doctor
He prescribes the medication
I'll take it when I remember
Following the dose on the label.
It's for good health and prevention.

Getting old is a tragic story
All ailments gradually multiply
We turn like withering flowers
Yesterday, elegant with fragrance
Today, nothing to show to glorify.

WITHOUT YOU

This poem was inspired with the collaboration of cousin Nélida Matos Santiago (Nellie).

Dec. 20, 2017

I need so much from you.
I have a lot to give.
But you are so far away.
Difficult for me to please.

I think of you every day
At night going to sleep.
Placing your pillow by my side,
Dreaming it's you loving me.

I know someday you'll return
Waiting for you, I will.
A faithful love like yours,
Isn't easy to refill.

No matter how long it takes.
I will always wait indeed.
Your love for me, like mine,
Without you, it can't exist.

World of Peace

Many questions go unanswered,
Are we in the universe alone?
Are there other humans out there?
Are they waiting to be phoned?

It could be a world event,
Of incalculable proportion,
If human life were found elsewhere,
We'd be blessed with such promotion.

Our planet exposed to positive changes,
·Country boundaries won't exist.
Our world will be united,
A new era with no fist.

Looking forward for new knowledge,
New frontiers jumping the scene.
Our lives will change dramatically,
Focusing on a world of peace.